# 古代歷史文化 研究輯刊

## 三一編

王明蓀 主編

## 第 36 冊

### 古代兒童遊戲考

李德生、李平生 編著

國家圖書館出版品預行編目資料

古代兒童遊戲考／李德生、李平生 編著 -- 初版 -- 新北市：
花木蘭文化事業有限公司，2024〔民 113〕
目 4+164 面；19×26 公分
（古代歷史文化研究輯刊 三一編；第 36 冊）
ISBN 978-626-344-688-5（精裝）
1.CST：兒童遊戲 2.CST：幼兒教育 3.CST：歷史 4.CST：中國
618                                                      112022545

ISBN-978-626-344-688-5

古代歷史文化研究輯刊
三一編 第三六冊                    ISBN：978-626-344-688-5

## 古代兒童遊戲考

| 編 著 者 | 李德生、李平生 |
|---|---|
| 主 編 | 王明蓀 |
| 總 編 輯 | 杜潔祥 |
| 副總編輯 | 楊嘉樂 |
| 編 輯 主 任 | 許郁翎 |
| 編 輯 | 潘玟靜、蔡正宣 美術編輯 陳逸婷 |
| 出 版 | 花木蘭文化事業有限公司 |
| 發 行 人 | 高小娟 |
| 聯 絡 地 址 | 235 新北市中和區中安街七二號十三樓 |
|  | 電話：02-2923-1455／傳真：02-2923-1452 |
| 網 址 | http://www.huamulan.tw 信箱 service@huamulans.com |
| 印 刷 | 普羅文化出版廣告事業 |
| 初 版 | 2024 年 3 月 |
| 定 價 | 三一編 37 冊（精裝）新台幣 110,000 元 |

# 古代兒童遊戲考

李德生、李平生　編著

## 編著者簡介

　　李德生（1945～），原籍北京，旅居加拿大，係加拿大文化更新研究中心研究員，致力於東方民俗文化和中國戲劇之研究。有如下著作在國內外出版發行：

| 《束胸的歷史與禁革》 | （臺灣花木蘭文化事業有限公司出版 2021 年 3 月）； |
| 《粉戲》 | （臺灣花木蘭文化事業有限公司出版 2021 年 3 月）； |
| 《血粉戲及劇本十五種》（上中下） | （臺灣花木蘭文化事業有限公司出版 2021 年 9 月）； |
| 《禁戲》（上下） | （臺灣花木蘭文化事業有限公司出版 2021 年 9 月）； |
| 《炕與炕文化》 | （臺灣花木蘭文化事業有限公司出版 2021 年 9 月）； |
| 《煙雲畫憶》 | （臺灣花木蘭文化事業有限公司出版 2021 年 9 月）； |
| 《京劇名票錄》（上下） | （臺灣花木蘭文化事業有限公司出版 2021 年 9 月）； |
| 《春色如許》 | （臺灣花木蘭文化事業有限公司出版 2022 年 3 月）； |
| 《讀圖鑒史》 | （臺灣花木蘭文化事業有限公司出版 2022 年 3 月）； |
| 《摩登考》 | （臺灣花木蘭文化事業有限公司出版 2022 年 3 月）； |
| 《圖史鉤沉》 | （臺灣花木蘭文化事業有限公司出版 2022 年 3 月）； |
| 《旗裝戲》 | （臺灣花木蘭文化事業有限公司出版 2022 年 9 月）； |
| 《二十四孝興衰史》 | （臺灣花木蘭文化事業有限公司出版 2022 年 9 月）； |
| 《富連成詳考》（上下） | （臺灣花木蘭文化事業有限公司出版 2023 年 3 月）； |
| 《丑戲》 | （臺灣花木蘭文化事業有限公司出版 2023 年 3 月）； |
| 《三百六十行詳考》（上下） | （臺灣花木蘭文化事業有限公司出版 2023 年 3 月）； |
| 《清代禁戲圖存》（上下） | （臺灣花木蘭文化事業有限公司出版 2023 年 9 月）； |
| 《三百六十行詳考續》民初篇（上下） | （臺灣花木蘭文化事業有限公司出版 2023 年 9 月）； |

　　李平生（1947～），女，民俗和民國史研究研究者，自由撰稿人。曾協助民國史研究專家李凡先生撰寫《孫中山全傳》和《孫中山傳（修訂插圖本）》先後由北京出版社和浙江大學出版社出版。

## 提　　要

　　封建社會的舊中國，從來不重視對兒童天性的培養和教育。唯強調「子不學，非所宜」。至於學什麼呢？那便是「三綱五常、忠孝節義」，「五經四書、修齊平治」。這類宏偉的著述在文庫中漢牛充棟、不記勝數。但是，有關兒童的遊戲、玩具類的著述，翻遍經典，幾近於零。怕的是孩子們的遊戲「毀於隨，荒於嬉」。只留下「香九齡，能溫席」「融四歲，能讓梨」之類陳腐的老故事，做為師範、教育兒童。直至清廷遜位，民國伊始，新學堂、新教育在志士仁人極力的倡導之下，方始大興。在新文化運動的推動下，國民政府對兒童天賦的培養、體質的培育，才提上了國民教育的日程。強調學齡前對兒童的德育、文育、體育、技育必須全面發展，從而，為兒童的成長開拓出了一片新的天地。幼兒教育逐步走向了科學化、現代化。一大批教育工作者開始關注兒童心理學、幼兒教育學、兒童文學、兒童遊戲和兒童玩具的研究，並於上世紀二、三十年代始有這類研究文字問世。筆者集有許多關於兒童生活、兒童遊戲的前代繪畫，也算是研究古代和近代兒童生活的一種圖證。現精選部分作品編輯成書，並以薄識考其源淵始末，以供專家參用。

# 卷前畫

北宋・蘇漢臣《秋庭嬰戲圖》現藏於臺北故宮博物館。

北宋·蘇漢臣繪長春百子圖。

# 目

# 次

# 第一章　屑金碎玉話童蒙

　　研究古代的兒童生活、兒童遊戲及兒童的喜怒哀樂，是一個很冷的課題。在中國涉及個一領域的古籍文字也幾近於無。因為，古代在封建文人士大夫，個個都心志高遠，一生的追求都在於修齊治平、就國參政，伴君王於廟堂之上，為君王可以剖心割膽貢獻一切，以功名利祿光宗耀祖，榮耀門庭。因此，汗牛充棟的經史子集記的都是騰蛟起鳳，哪有空閒來關注兒童們的培育和養成。何況，讓孩子們盡日遊戲，會「毀於隨」、「荒於嬉」，使「孺子更不可教也」。在古代，我國的「兒童」似乎就是家中私有的一個物件。郭巨為了節糧行孝，就有權將他的親生的兒子活活地埋掉。父母合計好了，可以溺殺女嬰，竟然成了習俗，司空見慣，無一人進行干涉。「君教臣死，臣不能不死。父教子亡，子不能不亡」。古人似乎對「兒童」從來沒有善意地對待過。這一層，從先民創字之始就充分地表現了出來。

## 一、古「兒童」字意考

　　從殷墟出土的甲骨文和中原出土的金文中，我們可以看到，公元以前一千三百多年前，古人對「兒童」兩個字的寫法。如圖，「兒」字，是個嬰兒尚未合攏的頭芯骨的象形字，這一解釋早為世人公認，並無任何異意。而「童」字的含意就複雜得多了。

殷墟出土的甲骨文兒字。　　　金文的童字。　　　毛公鼎金文的童字。

　　《說文》解釋說：「童（tong），乃罪也」。甲骨文字形從辛、從目、從人。「辛」為罪過。金文毛公鼎解釋「辛」也是一種刑具；「目」本來是只人的眼睛，此處表示是人的頭臚。三者相合乃是一個人頭上戴著刑具，正在受到刑罰。而受此刑罰的人則是一位男性的奴僕。《說文》稱：「男有辠（zui）曰奴，奴曰童，女曰妾。」童字形聲，重省聲（qiān），罪也。下邊的「東」為囊橐，在此僅作為不示義的聲符。由此推斷，「童」的造字本義就是：一個在戰爭中被俘的少年，遭受到剃髮刺目的刑罰，使他永遠無法逃跑。並且，由於他涉世不深、心地單純，而受到主人的信任和驅使，他就是「童」。彼時的社會意識，如此刻薄地對待「兒童」，使他們一生下來就背負著原罪，只能像個具有依附性的奴僕活著。

考古工作者在河南安陽劉家莊商代晚期墓葬中出土的一個綠松石質男童的雕像，是最早顯露出在奴隸時代兒童的具體形象。

　　迄今為此，考古工作者在河南安陽劉家莊商代晚期墓葬中出土了一枚綠松石質的男童雕像，這是最早顯露出在奴隸時代兒童的具體形象，他一足交盤、雙手撫耳、愁眉苦臉，僵癡呆板，全無一絲童稚神色，儼然像一個負罪的奴僕。恰恰證實了前邊《說文》中對「童」字創意的解釋。

　　古代與「童」字結合的詞彙，如「小童兒」、「童兒」、「書童」、「家童」、「童僕」、「童妾」、「童奴」、「童子」、「童生」、「童奴」、「童孺」、「童幼」等眾多的稱呼中，也可以看到，兒童在古代的存在不僅僅是社會生活角色上的差別，更多地表現出未成年的兒童在家庭、社會中所處地位和身份，以及受到成人社會給予的多種有差別的生存和待遇。古代經典著述中，之所以很少出現兒童的身影，實際上是當時兒童生活、遊戲和受教育的程度都是很有限的。能夠享有到愛撫、教養、教育權利的兒童，只有皇親國戚、貴族官僚，以及有地位、有財產、有文化人家的子女，這只是極少數的一小部分。即使如此，他們所受到的啟蒙教育，也是立足於家族的前途和利益，而並非社會所賦予的關心和愛護。

　　《禮記‧內則》稱：「子能食食，教以右手，能言，男唯女俞。男鞶革，女鞶絲，六年，教之數與方名，七年，男女不同席，不共食，……之數日，十年，出就外傅，居宿於外，學書記。」這是周代貴族家庭對學前兒童教育的情況。顏之推在《顏氏家訓》中提到：「生命之本，要當稼牆而食，桑麻以衣。蔬果之蓄，園場之所產雞豚之養，樹圈之所生愛及棟宇器械，樵蘇脂燭，莫非種植之物也。」乃是南北朝時期上流社會對兒童教育的要求。

　　進入春秋戰國之後，中上層社會對兒童的教育進了一步，則是「言必稱孔孟，禮必遵長序」。除詩書禮儀之外，對於兒童的成長、生活、遊戲便隻字無題了。魯迅在《朝花夕拾》中寫道：「每看見小學生歡天喜地地看著一本粗拙的《兒童世界》之類，另想到別國的兒童用書的精美，自然要覺得中國兒童的可憐。」因此，魯迅「救救孩子」的吶喊成為了民國初年的最強音。周作人在《兒童的文學》中也提出，必須將「兒童當作兒童」，他的「兒童本位」思想對兒童心理進行了原生性的意義觀照，高度突出兒童心、自然天性，主張兒童成長順乎自然。他要告訴人們：「兒童並不是縮小版的成人，他們對待事物有著自己的認知有著自己的感官。歷史上，我們虧欠兒童的太多了！」

　　在實實在在的現實生活，不論家庭出身的優劣，經濟方面的貧富，嬰兒必然要長大，小童必然要長成青少年。他們有著極其旺盛的生命力，他們從呱呱落地之時，便有著成人不解的追求和快樂，有著成人不解的思維和憧憬。他們

在遊戲當中鍛練身體，在遊戲之中與大自然進行交流、與夥伴們進行互動，從中認識世界、增長才能和智慧，為進入成人世界做著積極的準備。正如近代兒童心理學學者所說：「遊戲，就是兒童的工作！」

近代唐婦人撫嬰俑，高 35cm，45cm，現存上海震旦博物館藏。

嬰兒襁褓俑，出土於陝西西安東郊韓森寨兒墓。

## 二、古代兒童遊戲之種種

在近代的古墓發掘中，古代兒童玩具時有發現，最早的有新石器時期的「陶響鈴」，證明了自有人類之始，出於人之天性和母愛，就有了兒童遊戲之始。遊戲，是兒童生活中的最天真、最渴求的一切。依弗洛伊德兒童心理學的分析來說：兒童成長期的生活分為五大階段，從初生到一歲是嬰兒的「口腔期」。一歲至三歲是嬰兒的「肛門期」。此時，嬰兒已產生了自我意識，有了一定的控制感和權利感。三歲至六歲的階段稱為「生殖器期」，在這個階段，兒童開始意識到性別差異和性別特徵。如果沒有得到足夠的關愛和支持，或者是受到性壓抑和約束，都會導致後來的性格問題。就會形成不健康、不成熟、焦慮的人格。

第四階段即六歲到十二歲期間，則為「潛伏期」，在這個階段，兒童進入學齡階段，開始接受教育和社會文化的影響，開始瞭解家庭、學校和社會的規範和價值觀念，形成自己的道德和倫理觀。這個階段也是孩子形成自我認知和自尊心的關鍵時期。而古代的中國社會恰恰忽視了這一點，下層社會的兒童根本沒有上學，接受文化教育的機會。

站在兒童遊戲的研究角度來看，從古至今，兒童在不同的年齡階段，對遊

戲都有著不同的選擇和喜愛。筆者學識有限，尚不能對從兒童生理學、心理學、教育學方面進行深入細緻的分析。而下，僅從「圖史學」的角度，屑金碎玉的地簡述一下古代兒童在成長期，都玩什麼遊戲？怎麼玩那種遊戲？以及盡可能地對這種遊戲進行溯源，以供愛好者、研究者參考。以下為古代兒童遊戲的大概分類：

## 情發於衷　手舞足蹈

兒童在生活中喜歡有伴侶、喜歡群聚，他們竭力地想用語言和動作來表達自己的訴求。一塊兒唱童謠，一塊兒手拉手、又蹦又跳地轉起圈圈兒來。這是一種最簡單、最普及、最常見的兒童遊戲。這種遊戲的歌也好，舞也好，皆發自純潔無埃的稚子之心。追溯其源，顯然是上古先民群居生活的一種縮影。他們在狩獵成功，捕獲了多隻野獸或無數的魚蝦的時候，便點起了篝火，男男女女、老老小小都手牽手地放聲長嘯，並且隨著有規律的節拍轉圈作舞，正如《詩經·關雎·序》所言：「永（詠）歌之不足，不知手之舞之，足之蹈之也。」儘管這種舞蹈很簡單，只是甩手、踏腳而已。

青海大通上孫家寨墓地出土的新石器時代前期陶器「舞蹈紋彩陶盆」上的圖案。一群兒童手牽手地舞蹈轉圈圈。

隨著舞蹈、轉圈圈，孩子們在唱什麼實無文字記載。直到《詩經》問世之後，孔子在《魏風》中才記下了古代第一首童謠——《園有桃》唱道：「園有桃，其實之肴。心之憂矣，我歌且謠」。當然，這是一首經過文人加工潤色後的童謠，已經沒有任何童稚味道了。而我國近代在青海出土的新石器時代前期的一隻紅土陶盆，盆壁上所繪的「舞蹈紋彩」，則生動地證明了「轉圈圈」遊戲的歷史淵源。

## 快樂成長 健體強身

兒童在成長過程中，在追逐自身的歡愉中，健體強身是遊戲的重要功能之一。兒童們在草地上「翻跟頭」、「跳繩兒」、「悠榰子」、「打秋韆」、「登高」、「爬樹」、「泅水」……等遊戲，都是暗中助長小童強壯身體，鍛練著他們的肌肉、骨骼、機敏和靈活。後人有《竹枝詞》云：

> 六歲小童不停閒，蹦蹦跳跳討人嫌。翻完跟頭又上樹，打過秋韆還鑽圈。阿爺叫他活猴兒，何婆喚他十不開。玩玩鬧鬧忽長大，生龍活虎成少年。

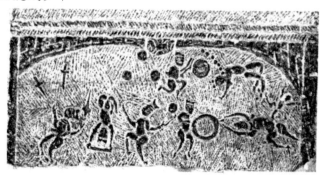

漢畫磚拓片《雜伎圖》，個中的動作多與兒童遊戲相近。

上圖為漢畫磚拓片《雜伎圖》，年齡不大的雜技藝人在表演翻跟頭、舞蛇腰、耍球、耍劍等等，很多都是兒童遊戲的縮影。其中一些高難動作也是兒童在遊戲中所模擬和追求的範本。

## 探尋自然 追逐情趣

兒童在生長期，對大自然有著極大的興趣。看螞蟻打仗、蝸牛爬坡，蝴蝶探花，蜻蜓點水、魚游蝦跳、蛇蜷蛙鳴等等，都能被這些小動物小昆蟲的動態吸引得流連忘返，踟躕不歸。地上的花花草草，佳木良禾，天上的珍禽異鳥，金烏玉兔，池中的菱藕蓮荷、蘋荇芡實，更是兒童們目馳神往的憧憬。兒童們撩蜂撲蝶、捉鳥囊螢、招貓逗狗、弄魚戲猴。或是學著大人蒔花鬥草、愛菊羨蓮，插茱萸以孝悌、折天竹以清供，從這類遊戲中，他們增了知識，領悟了自然，潛移默化地達到不教而識、無師自通。成長的快樂盡在對自然萬物的領悟之中。有好事者集古人《兒童遊戲集句詩》云：

> 蓬頭稚子學垂綸，側坐莓苔草映身。（胡令能《小兒垂釣》）
>
> 兒童散學歸來早，忙趁東風放紙輪。（高鼎《村居》）

知有兒童挑促織，夜深籬落一燈明。（葉紹翁《夜書所見》）

兒童急走追黃蝶，飛入菜花無處尋。（楊萬里《宿新市徐公店》）

這些詩寫盡了古代兒童在大自然天地中所受到的遊戲快樂。

漢畫磚拓片《星際異獸圖》，個中的星宿充滿了兒童對大自然中未知世界的幻想。

## 仿傚成人　學習勞動

兒童是在家庭的圈子裡長大的，富戶也好、貧家也罷，家庭鄰里和居住環境的影響對他們的影響極大，也是很深刻的。諺云：「近朱者赤、近墨者黑，聲和則響清，形正則影直」（晉人傅玄《太子少傅箴》），以及「孟母擇鄰」等故事也是很有道理的。兒童在成長階段，處處模仿大人的行動和作為，以求接近社會生活，並且在有意無意之間化入遊戲當中，「過家家」、「學請醫」、「習針黹」、「做生意」、「演戲劇」，釣魚、捕蝦，摘桃、打棗、採蓮、拾菱、拉竹車、推小磨，司廚、養雞、餵鴨……，這些原本是成人們的勞作，在兒童心目中形成強烈印象，兒童們把這些勞動化入遊戲當中，認認真真地玩了起來，而且樂此不疲，津津有味，幾個小童聚在一起，一玩就是半天。

漢畫磚拓片《漁獵圖》，兒童們把成人的日常勞動化入遊戲之中。

## 軍事訓練 化為遊戲

古代先民自群居到部族形成時期，與天鬥、與地鬥、與人鬥，與禽獸鬥、部族間的械鬥，此起彼伏，永無寧日。為了保障自身的生存、種族的延續，自幼要有一個健壯的身體是必不可少的。父母要讓他的兒女、首領要求他的子民能跑善跳，靈活矯健、機智驍勇、精壯過人。因之，在日常生活中要訓練青少年善於跋山涉水，猿騰虎躍，攀籐上樹、彎弓拋石。狩獵時，敢鬥虎豹，不怯熊羆。械鬥發生時，族人必須做到召之即來，來之能戰，戰之能勝。勝利時，乘勇追殺，斬獲敵酋，失敗時，亦要豕突狼奔，全身而退。

進入春秋戰國時代，中原逐鹿，此消彼長，戰事不斷。各國的軍隊要求，必須紀律嚴明，訓練有素，兵強馬壯，進退有餘。各種練兵排陣的方式方法應運而生，軍訓軍律皆入規範操演。《周禮》記載：民間藏有兵器，每當歲終，「則令教官正治而致事」，也就是說必須進行軍事訓練。春秋末年，在《孫子兵法》出現之後，各種練兵的書藉也相繼出籠，如《吳子》、《司馬法》、《尉繚子》、《六韜》、《纂卒》、《八陣》、《勢備》、《延氣》等，都列有軍事訓練的篇章。軍訓之餘，還發明了許多軍中遊戲，如跑步、跳高、投石、擲遠、舉重、博擊、蹴鞠等等運動。不久，這些軍中的訓練方法和遊戲便散入民間，變成了兒童們爭強好勝、比賽輸贏的日常遊戲。

漢代畫像石中的《伍伯圖》圖中給有許多雄壯有力，跑步姿態矯健的士兵，他們是能與馬車賽跑的伍伯(伍伯是漢代追隨長官兵車後五個士兵的稱號)。

兒童們在遊戲中的賽跑、跳高、跳遠、跳房子、騎馬打仗、舞刀弄槍、蹪跤、捶丸、摔跤、彈子、踢球、長官抓賊、老鷹捉小雞……等等，都是從古代

的軍中訓練轉化而來。

### 兒童玩具　啟蒙益智

　　1954 年，在中國湖北省京山縣屈家嶺發現了一處新石器時期遺址，該遺址距今約 5000 年左右，遺址中發現了一種名叫「陶響球」的兒童玩具。這種球的規制不大，形同一個小型的核桃，它是用陶土燒製而成，中間是空的，內部有一個彈丸之類的硬核，晃動「陶響球」時，便會發出「沙沙」響聲，很明顯是最早出現的一種聲響玩具。

湖北京山縣發現距今約 5000 年左右的屈家嶺新石器遺址中發現的「陶響球」。

後期發現的一種陶製的帶手柄陶響球，已近於現代樂隊中的響器「沙球」。

　　這種用陶土製成的陶響球，構思非常精巧，對於兒童來說，是一種頗為有趣的玩具。這類出土的實物，一直是漢代兒童玩具的主流，譬如陶車，泥車，瓦狗、陶人等等，漢代王符在《潛夫論‧浮侈》一書記載：「或作泥車、瓦狗、馬騎、倡俳，諸戲弄小兒之具以巧詐。」

宋代畫家李嵩繪《貨郎圖》（局部）現藏於北京故宮博物院。

宋代畫家李嵩繪有多幅《貨郎圖》，分別藏於北京故宮博物院、臺北故宮博物院和美國大都會美術館等處。他畫的貨郎擔上的玩具琳瑯滿目、數不勝數。據清華大學王連海教授對《市擔嬰戲圖》的研究：「可辨識者有如下諸種：小鳥、鳥籠、撥浪鼓、小竹簍、香包、不倒翁、泥人、小爐灶、小壺、小罐、小瓶、小碗、六角風車、雉雞翎、小鼓、紙旗、小花籃、小笊籬、竹笛、竹簫、鈴鐺、八卦盤、六環刀、竹蛇、面具、小燈籠、鳥形風箏、瓦片風箏、風箏桄、小竹椅、拍板、長柄棒槌、單柄小瓶、噗噗噔等等」。從一個嶄新的角度也反映出，偏安一隅的南宋，因遠避了金人的南侵，蘇杭江浙一帶經濟文化生活的繁盛程度。工農商賈、三百六十行紛呈於市，連專哄孩子們玩的玩具市場也都分外發達。見到這些玩具的孩子們如何不歡呼跳躍、流連忘返呢？在《武林舊事》、《夢粱錄》、《西湖繁勝錄》等書中都有類似的記載。

### 鬥智鬥勇　昇華童蒙

下五子棋、下象棋、下圍棋，包括鬥紙牌、華容道、猜拳、猜謎、石頭剪子布、彈球、拍洋畫……等遊戲，都是少年兒童爭奪輸贏，顯示自我，鬥智鬥勇的益智遊戲。兒童在不同的年齡段和性格，對如上諸多的益智遊戲有著不同的興趣和選擇。而就是在這些遊戲的潛移默化當中，豐富了他們大腦，鍛練了他們的思維邏輯。為他們順利地進入青年時代做出了充足的準備。

這類益智遊戲的出現得很早。棋類遊戲始於六博。六博出自春秋，《楚辭》中就有「菎蔽象棋，有六博些。分曹並進，遒相迫些。成梟而牟，呼五白些」等語。六博是中國諸棋之祖。紙牌則出現於唐代，係張遂的發明，因為這種紙牌只有樹葉大小，故也稱「葉子戲」。唐蘇鶚在《同昌公主傳》中稱：「韋氏諸宗，好為葉子戲。夜則公主以紅琉璃盤盛夜光珠，令僧祁立堂中，而光明如晝焉。」葉子戲傳入外國後，就改造為現在的「撲克牌」。捶丸也興於唐代，該遊戲的前身是當時很流行的「步打球」。它是以藤棒擊打小球入洞，頗似今日的高爾夫。投壺，興於春秋，《禮記》中有《投壺》一章載：「投壺者，主人與客燕飲講論才藝之禮也。」發展到今日便成了很洋派的飛標。足見一種好玩的遊戲其壽命是多麼長啊！

漢代畫像磚拓片《博弈圖》，現藏於西安博物館。

## 舶來遊戲　漢化求新

中國是一個多民族的國家，是多年外夷對漢中原的入侵，和漢中原對外的突擊而形成的一種民族大融合體。同時，由於絲綢之路和中亞的勾通，使中外文化互融，兒童遊戲雖說至微，但也多受浸潤而漢化。譬如，雙陸、磨喝樂，抓子兒。

「雙陸」，原名波羅塞戲。波羅塞是古印度語的音譯，語意至今已湮漫失考，它乃是唐代僧侶從古印度傳入的一種棋藝。因這種棋藝變化多端，鬼蜮善變，考人心智，鍛煉機敏，被迅速漢化，頗受世人歡迎。傳入民間，惠及兒童，亦成為後世出現的圍棋、相棋、五子棋、華容道的鼻祖。

「磨喝樂」，也是從印度傳入中國的一種偶人。「磨喝樂」是古梵語，指的是古印度佛教傳說中的「摩侯羅迦」。他是天龍八部之一「大蟒神」的護法真身，是由蛇首人身的形象演化成一位可愛的兒童。這種福娃的形象人見人愛，最終成了「七夕節」的祭物之一。宋代兒童的衣著髮飾的形象大都模仿「磨喝樂」的造型。宋文載：「市井兒童，手執新荷葉，效摩羅之狀。此東都（汴梁）流傳，至今不改，不知出何文記也」。大人們誇一個孩子可愛迷人，也會說「生得磨喝樂模樣」。

「抓子兒」俗稱「抓包」，其原稱則是「嘎拉哈」。「嘎拉哈」是滿語，指的是「羊拐」，也是羊、豬、牛等家畜後腿關節部位的一塊骨頭。滿族人原駐地為東北烏蘇里江至外蒙古一帶，過著漁獵游牧的生活。屠羊殺牛是飲食的重要部分。庖解下來的「嘎拉哈」洗淨之後，就是婦孺在氈房中的玩具。當滿人入主中原的時候，玩「嘎拉哈」的遊戲也便進入了尋常百姓家。漢化之後就成了「抓子兒」或「抓包」了。

　　鴉片戰爭之後，洋人憑藉船利炮利轟開了閉鎖的國門。大批的洋煙、洋貨、洋玩意兒進入了中國。電話、電報有了，火車、汽車來了。洋樓、馬路修了，電燈、電影也亮了，隨著歐風東漸，外國產的兒童玩具也擺上了百貨公司的櫃檯。於是，在清代末年小洋槍、小鋼炮、小火輪、小火車、小洋娃娃⋯⋯也就成了皇親貴冑、小少爺、大小姐們的新式玩物了。

　　如上所說，即然記述古代兒童遊戲的文字少得可憐，便只好從前人留下來的圖畫中索驥了。筆者從古代存留下來的《百子圖》、《嬰戲圖》等文物畫卷和晚清英國大英煙草公司、日本村井兄弟株式會社和英美煙草公司在華出版的兒童生活類的香煙畫片中，尋找圖證依據。力圖勾劃出古代兒童種種遊戲的一個大概輪廓，以饗同好。

# 第二章　古代兒童遊戲淺考

## 1. 鬥蟋蟀

蟋蟀，又名蛬，也叫促織、莎雞、斯螽，俗稱蛐蛐，是一種善於振羽鳴叫，而且生性好鬥的小草蟲兒。《詩經》有對它有生動的描寫：

五月斯螽動股，六月莎雞振羽，七月在野，八月在宇，九月在戶，十月蟋蟀入我床下。

　　早在 2500 年以前，人們對蟋蟀就有一種特殊的喜愛和感情。人們將它捉來飼養，聽其鳴叫，或是馴其搏鬥，作為一種消遣的逸品自古有之。市井中的大人孩子，販夫走卒、文人雅士、乃至身居廟堂的士大夫樂此不疲者，也大有人在。南宋時期，身列平章的賈似道寧棄國事於不顧，竟專心編纂了一部《促織經》，大談特談飼養、品評、馴鬥蟋蟀的「要旨」，被歷代「蟋蟀迷」們奉為聖經一般。

　　蒲松齡在《聊齋誌異》中寫有一篇《促織》，揭露了封建皇帝喜歡鬥蟋蟀，群臣趨奉，地方官吏竟向黎民徵集蟋蟀以充賦稅。一位鄉民撲得一隻健壯的蟋蟀非常高興，不想被幼子失手踐殺。鄉民痛急責子，其子生懼，投井而亡。身後變成了一隻蟋蟀，代父充稅。入宮以後驍勇非常，鬥敗了皇室豢養的所有蟋蟀，一時驚動朝野。這個故事從內容上不難看出，上有其好，不僅殃及國事，而且禍及平民，為一隻小蟲，害得百姓家破人亡。當然，這不過是一個嘲諷時政的故事而已。

　　歷代養蟋蟀、鬥蟋蟀的活動，也是平民生活中的一件娛樂。人們在茶餘飯後聚而搏之，從中也獲得無窮的樂趣。因之，在民間也造就了一行以此業為生的人，如有調馴蟋蟀的把式，製作蟋蟀的罐子、探子、葫蘆等各色藝人。

　　在大人的影響下，小男孩們也都有此嗜好，把蟋蟀當玩物。沒錢到蟲市上去買，就千方百計地自己去捉。清晨起來，他們不辭辛苦地跑到荒郊野地、頹垣敗堵之間，翻磚掀瓦地捕捉蟋蟀，到也童趣無窮。周作人先生有詩描述他在兒時與小朋友一起捉蟋蟀的情形：

　　　　啼徹簷頭紡織娘，涼風乍起夜初長；開心蛐蛐階前叫，明日攜籠灌破牆。

## 2. 摸瞎兒

老儒李幼芝先生在《鴻泥雪爪竹枝詞》中寫兒童鬧學：

之乎者也亂如麻，西望長安不見家。趁著老師睡午覺，蒙起眼睛玩摸瞎。

「摸瞎兒」是兒童常玩的「捉迷藏」遊戲的一種，可以由一群小孩參與一起玩。玩之前，先公推或是自願地選出一個小童，用手巾把他的雙眼蒙起來，充當失明的「瞎子」。其他小孩都充當「逗瞎子」的壞孩子。玩的情節很簡單：假設一群小孩兒惡作劇，招惹盲人，最終把「瞎子」逗急了，「瞎子」一生氣，就開始抓小童。群孩四散逃脫，「瞎子」就四處亂摸亂抓。孩子們可以藏到桌子底下，或是屏風之後；也可以環繞在「瞎子」四周，繼續不斷地用聲音和肢體尋釁。待「瞎子」尋聲摸將過來的時候，再拔腿逃跑。不過，這種尋釁挑逗者比藏身一側悄然不動的孩子更容易被「瞎子」抓到。一旦有人閃躲不及，被「瞎子」抓住了，那麼，「瞎子」就算勝利了。可以把蒙在雙眼上的手巾解下來，再綁到被抓住的小童臉上，蒙住他的雙眼，就由他來當「瞎子」了。

如是，遊戲再次開始，便由這位新「瞎子」再去抓其他的小孩兒。這種遊戲可以使一群孩子同時處在緊張而歡快的追逐、藏躲之中。舊時代，在學堂院

落，街頭巷尾，以及農村的村口場院、田頭樹下等兒童聚集的地方，群童玩
「摸瞎兒」的遊戲隨處可見。

據考，這種遊戲是南唐李後主的發明。南唐後宮嬪妃無數，後主暇時無
聊，常聚嬪妃十餘人於御花園中。後主以青色綾自縛雙目，令嬪妃四處藏躲。
後主盲目摸尋。待摸到一人後，令其勿聲勿動。後主自頭摸到足腳，便可說出
妃嬪之名，無一差錯，是謂「摸瞎」。後來，「摸瞎」逐漸演變成了兒童遊戲。
很多古代詩人都寫有兒時捉迷藏的經歷。如唐元稹《雜憶》詩有句云：

　　　　寒輕夜淺繞迴廊，不辨花叢暗辨香。憶得雙文朧月下，小樓前
　　後捉迷藏。

清金農《懷人絕句》中也有：「不識春光是何物，白薔薇底捉迷藏。」不
過，這種遊戲往往會出現「違規」的現象。「瞎子」捉不到人，會把蒙眼的手
巾鬆開一些，便於擇路抓人。為此，孩子們經常發生糾紛。或若兒童們在捉撲
藏躲的情急之時，往往發生摔倒跌傷的事情，動不動地大哭起來，招致大人介
入，進行粗暴的干涉叱責，最終導致眾童如鳥獸散去。

## 3. 老鷹抓小雞

　　「老鷹抓小雞」也是一種常見的兒童遊戲，參與者至少三、四個人以上，最多可達十餘人上下。開始時，由一個兒童當「老鷹」，再從其餘的兒童中選一個年長體高的小童充當「老母雞」，餘下的孩子就都是「小雞」了。遊戲要求「小雞」們依次用雙手抱住前邊小童的腰，最前一隻「小雞」要緊抱「老母雞」的腰，如是排成一條長陣。「老母雞」的職責是伸開雙臂，保護自己身後的「小雞」們，盡力不讓「老鷹」逮著。而「老鷹」則擺出勇猛的架式，頻繁地發動進攻，躲過「母雞」的阻擋，去撲捉排在最後邊的「小雞」。

　　在雙方左突右擋，時進時退的對峙當中，一長串的「小雞」被甩來甩去，險情頻出。如果，其中某個「小雞」因體力不支而鬆了手，就脫離了隊伍。此時，「老鷹」就會衝將上去，將「小雞」一舉捕獲，至此便是「老鷹」獲勝。如果「老鷹」進攻多次，捉不到一隻「小雞」，「老鷹」就算失敗了。不過，「老鷹」總是勝時多，失敗時少。有《兒歌》唱道：

　　　　　老鷹抓小雞，跑東又跑西；抓也抓不著哇，累得喘噓噓。

　　據考，這種遊戲出自古代軍隊練兵用的《陣法》之一，名為「一字長蛇陣」。全陣分陣頭、陣尾、陣膽三部分，它是根據蛇的習性推演而來。其變化有三，即「擊蛇首，尾動，謂卷；擊蛇尾，首動，謂咬；蛇身橫撞，首尾至，謂絞。」長蛇陣運轉靈活多變，猶如巨蟒，退則伸縮自如，攻擊則迅猛凌厲。破此陣最好的方法就是限制兩翼機動能力，使其首尾不能相顧，可以揪其首，夾其尾，斬其腰。在冷兵器時代，此陣是軍事訓練士卒必修之課。有文獻可考的是，清乾隆時期，年羹堯率兵攻打大小金川，日常軍訓操演時便有這個項目，名為「鷹陣」。後來，在清室相撲營的訓練中，依然保留這一節目。

　　「老鷹抓小雞」的遊戲形式與古代戰列攻守「一字長蛇陣」的方式是一樣的，不同的是，原本是成人戰士鍛煉攻守能力和技巧的工夫，後來由退役的士兵將此活動傳到民間，變成兒童追逐嬉戲的一種玩樂方式了。

## 4. 騎馬打仗

　　「騎馬打仗」是六、七歲男孩子們玩的遊戲，參與者最少六個人。三個人為一組，代表一方。一個大點的孩子筆直地站在前方充當「馬頭」，另一個孩子附下身子，雙手搭在「馬頭」的肩膀，貓著腰，充當「馬身子」；第三個孩子騎在馬的身上，手持玩具刀槍，充當「武將」。另一方的三個孩子，也做這等姿態。雙方作好準備以後，各自策馬揚鞭，衝上陣來，開始「對打」。「馬頭」「馬身」只代表腳力，交手時不可參戰。只有雙方的大將對打，對打時，雙足不可著地。經過幾個回合的大戰，如果一方「武將」把另一方的「武將」打下馬來，即一隻腳著了地，就算是輸了一局。如不服輸，可以回馬再戰，也可以輪換「武將」再較輸贏，直到一方徹底認輸為止。

　　這種遊戲也可以有許多孩子參加，分成兩大陣營，交戰時，可以有多組「將軍」騎馬上陣。雙方殺將起來，那真是黃煙滾滾、喊聲一片，頗為壯觀。有人引用白居易《琵琶行》中的詩句贊道：

　　　　銀瓶乍破水漿迸，鐵騎突出馬槍鳴。錯把操場當沙場，兩軍陣
　　前較輸贏。

　　細考，「騎馬打仗」這種遊戲也是從古代軍旅生活中演化出來的。清代八旗健銳營平日練兵的《操譜》中，有一「負人對搏」的項目。操練時，士兵分為兩人一組，一人背負一人，仿傚馬戰。背人的為「馬」，被背的為「將」。兩組大「將」分別騎在各自的「馬」上，但憑臂力糾纏互搏，頗似角鬥。有裁判在一旁監督，看誰把誰拉下馬來，以定勝負。這項操練主要是培養士兵協同合作的精神，以及搏鬥中的技巧和力量。後來，八旗兵丁日趨腐敗，健銳營也徒有虛名。操典傳入民間，軍事項目也就變成兒童遊戲了。

　　這種遊戲也不一定用於「打仗」，可以用來「逞威風」。如果人多，玩時就加上「馬夫」和「吹鼓手」，後邊加上幾名「旗手」，騎在馬上的「大將軍」在眾人的前呼後擁護之中，招搖過市，好不威風。這種玩法則叫「將軍出行」。

## 5. 踢毽兒

　　毽兒，也叫毽子。是用一小塊布包成沙包或是包上銅錢兒，再在包上插上幾根漂亮的雞毛就製成了，俗稱「雞毛毽兒」。

踢毽兒是源自民間的一種體育活動，歷史十分悠久。據史料記載，這種活動源於漢代，盛行於唐朝。唐代僧人道宣所撰《高僧傳》中有記載說：小沙門慧光在天街井欄上能反踢毽子，「一連五百，眾人競異而視之」。

到了宋代，踢毽子更加普及。宋儒高承在《事物紀原》中說：「今時小兒以鉛錫為錢，裝以雞羽，呼為毽子，三、四成群走踢，有裏外廉、拖槍、聳膝、突肚、佛頂珠、剪刀、拐子各色。」看來，彼時踢毽子在技術上已相當講究了。宋代集市上也出現了專賣毽子的店鋪，足見其普及之廣。明代小說《金瓶梅詞話》中就寫有吳月娘、孟玉樓、潘金蓮、西門大姐在廳前天井內跳馬索、踢毽子的事兒。

到了清代，有關踢毽的記載就更多了。潘榮陛《帝京歲時紀勝》載：「都門有專藝踢毽子者，手舞足蹈，不少停息，若首若面，若背若胸，團轉相擊，隨其高下，動合機宜，不致墜落，亦博戲中之絕技矣。」詩人屈大均也在《廣東新語》中記述了當地的踢毽習俗，「畫則踢毽五仙觀，毽有大小，其踢大毽者市井人，踢小毽者豪貴子。」足見，當年不論人之窮富、男女婦孺都會踢毽子。《北京竹枝詞》有詩描繪京城女子踢毽子，常至日夕忘歸的程度：

青泉萬迭雉朝飛，閒蹴鸞靴趁短衣。忘卻玉弓相笑倦，攢花日夕未曾歸。

踢毽子的場地可大可小，室內室外均宜，參與人數也可多可少，很適合兒童們玩耍。以踢得多，而且毽兒不落地者為贏。不少兒童，尤其女童玩起來樂此不疲。他們一邊踢毽兒一邊唱：

一個毽兒，踢兩半兒，打花鼓兒，繞花線兒。裏踢，外拐，八仙，過海，九十九，一百。一個毽兒，踢兩半兒，打花鼓兒，繞花線兒。裏踢、外拐，八仙，過海，九十九，一百。

清代北京出了一名「毽神」，名叫譚俊川（1874～1958），他發明了盤、磕、拐、繃、蹬、挑、裏接、外落、雙飛燕、倒踢紫金冠等許多花樣和技巧。並著有華夏第一部毽譜《翔翎指南》。上世紀30年代的全運會中，踢毽還被列入比賽之一。

## 6. 玩氣球

　　在古代的文獻中，沒有關於「氣球」的記載。我國開發使用天然橡膠的歷史很遲，用橡膠製作兒童玩具就更遲晚了。椐考到了光緒年間，京城的廟會集市上才開始有用橡膠吹製的氣球售賣。

　　橡膠一詞來源於印第安語，原意為「流淚的樹」。這種樹長在熱帶地區，經濟壽命可達三十年之久。這種樹的樹幹被割裂後，會流出白色的膠乳。將膠乳收集到一起，經過凝固乾燥就製成了橡膠。橡膠具有彈性和防水功能，被廣泛地應用到工業、化工、醫療等方面，製造輪胎、膠管、膠帶和一些日常用品。清末傳入中國的橡膠製品幾乎全部來自國外。

　　中國同盟會會員、干崖節度使刀安仁為了尋求富國強兵之道，他在光緒三十年（1904）春，從馬來西亞引進了八千株橡膠苗，種植於干崖鳳凰山，是我國引種橡膠樹，開發橡膠工業之始。後來，我國海南、雲南等地也紛紛仿傚，種植了大片大片的天然橡膠林，開始自產橡膠。

　　清季末年。人們在滿足工業用膠的同時，一些小作坊開始用它來製作兒童玩具，如皮球、氣球等等，供兒童玩耍娛樂。上市之後，頗受孩子們歡迎。

尤其氣球，小販將薄薄的橡膠套撐開，用嘴一吹，或若用小汽筒打進空氣，小小的膠套頓時漲大，用線繩將口束緊，就成了氣球。兒童用手舞動線繩，氣球便在空中時升時降、上下躍動，群兒望之雀躍、手舞足蹈，十分快樂。但是稍不留意，氣球碰到樹枝兒、籬笆等尖刺之物，便會「嘭」地一聲爆裂；或若不小心一鬆手，漂亮的氣球便會嫋嫋升空，去追趕白雲去了。時人有《竹枝詞》唱道：

> 小小氣球有神通，蓦地飄飄蓦騰空。三個銅板買將來，玩了不
> 到一刻鐘。

溯本求源，在中國，氣球是誰發明的？這個問題誰也說不清。但是，古代農村的孩子們都會吹豬尿胞、牛尿胞，或踢、或拋著玩耍。應該說，豬尿胞、牛尿胞則是近代氣球的鼻祖。

# 7. 順風耳

電話是誰發明的？人們公認是蘇格蘭人貝爾。他生於十九世紀四十年代，七十年代移居美國，成為波士頓大學語言生理學的教授。有一次，他在一根導

線的一頭連接上一個豎琴。導線的另一頭穿牆越戶，聯到百米之處的臥室，頂端掛在一付模仿人耳的磁性薄膜上。貝爾的助手托馬斯‧沃森，在裝有豎琴的一端撥動琴弦，貝爾就在臥室裏聽到了鄰室傳來的弦音。這一實驗最終導致了電話機的發明。人類有了最初的電話，從此揭開了人類交往史嶄新的一頁。

1878 年，貝爾電話公司正式成立。1882 年 2 月，大北電報公司在上海開設了第一個電話局，率先把電話引入了中國。上海人稱之為「德律風」。時人對這種「入手而能用，著耳而得聲」的舶來品大為驚歎！因線路有限，達官巨富欲覓之，千金而不可得。時人有詩云：

　　　　足知天籟未可聞，如何一線可通神？若非如來順風耳，來到人
間演豆兵。

其實，這種借助線體傳聲的方式在我國古已有之。傳說鬼谷子先生曾傳授給孫臏和龐涓以「傳聲之法」，可以居幃幄之中，而知百里之外敵軍的攻取動靜。他是用每隔數里布一探卒，探卒與探卒之間以繩聯繫。前方遇有情況，以振動繩媒相互知會，頗有電話鼻祖之意。估計，此法在實戰中有點兒行不通，所以才沒有傳下來。反而為兒童所用，成了一種類似「打電話」的「順風耳」遊戲。

孩子們用一根線繩，在兩端分別串上兩個紙杯，很像後來的話筒。玩的時候，一個人充當打電話的，另一個人充當聽電話的。二人站的位置要相隔一定距離，或隔假山相望，或隔牆壁互聞。每人手裏握著一個紙杯，把中間相連之線抻直後，一個對著嘴輕聲說話。另一個把紙杯放在耳邊靜聽。這樣，就會聽到從線的一端傳來的振動之聲。儘管這種聲音十分微弱、模糊不清，但對於求知欲極強的兒童說來，也如同空中聞籟一般樂不可支。筆者兒時與小朋友總玩這種遊戲，個中樂趣總是神秘惜惜的，回憶起來仍有情趣。

## 8. 拉小車

拉小車是一種「大孩哄小孩」的遊戲。舊時大家庭的兄弟姊妹同居一處，各房小輩的孩子、叔伯子姪也共處在一起，雖然年齡不一，但都聚在一處玩耍遊戲。大一些的孩子在玩耍中，便有意無意地擔負起哄著小弟弟、小妹妹的責任。

彼時，有一種用竹子製成小車子，下邊裝有四個小軲轆，年齡小的孩子坐在裏面，車的後邊有把手，可以推著行進。於是，大一些的孩子就充當「車夫」，在後邊推；有的甘心情願地充當「驟馬」，在車前負軛拉套。就這樣，大孩子推的推、拉的拉，小車就在院子裏走了起來。「車夫」和「驟馬」一高興，小車跑得就更帶勁了。行進中時快時慢，時緩時急，有時跑個圓場，有時還走個八字兒，花樣翻新。坐在車裏的小童一邊玩、一邊享受著乘車疾駛的快感，被大孩子們的逗得前仰後合、呵呵大笑。孩子們一邊玩，一邊情不自禁地唱起了〔老媽媽令〕：

> 金軲轆棒，金軲轆棒，爺爺打板兒，奶奶兒唱，一唱唱到大天亮。養活了個孩子沒處放，一放放在鍋臺上，嗞兒嗞的喝米湯。（引清刊本《兒歌》）

　　「車夫」和「驟馬」儘管累得氣喘噓噓、汗流浹背，但得以「盡顯英雄之氣」，從中也得到很大的滿足。尤其，當大人們褒獎他們聽話懂事，會照顧弟弟妹妹時，那就更加開心賣力了。

　　據說，這種竹製的小車起源於三國時代諸葛亮設計的「木牛流馬」，以竹木為材料，拖運戰備物資和糧草供給，不僅節省了人力物力，也有效地提升了運輸速度。這一發明便成了諸葛亮的特有的專利。自古以來，男女小童都愛坐帶軲轆的小拉車，享受那種速度與顛簸。唐代詩人韋莊有一首《與小女》的詩，寫出了孩子們愛坐小拉車的情趣：

　　　　見人初解語嘔啞，不肯歸眠戀小車。一夜嬌啼緣底事，為嫌衣少縷金華。

## 9. 火流星

　　在《天文學》中，火流星是一種天空偶發的流星雨的自然現象，它亮度非常高，發生時會像條閃光的火龍一樣劃過天際，有時還會發出「沙沙」的響聲。這種令人驚豔的天文現象，發生的機率並不多，因之，更加使人覺得宇宙的奇

妙。圖中，兒童們玩的這種遊戲，在舞動時與自然界中的火流星有幾分相似，因而借意得名。

作為玩具的火流星，是一根四、五尺的長繩，兩端各繫一枚空心的鐵網球，球內分別填塞一些點燃的木炭。傍晚時節，手握長繩旋轉舞動，木炭在空中兜風發火，不但會發出「沙沙」的響聲，還會發出耀眼的火花，真好像天上的火流星一樣，十分奪目好看。

其實，這種「火流星」最早源自古代的一種叫「流星錘」的兵器。它是由一條長鐵鍊兩端各自連有一個重磅鐵錘。經過馴練的士兵用它當做武器，可以收放自如、攻擊迅速，舞動起來，變幻莫測，在戰場上極具殺傷力。李白有詩讚道：

> 嚴風吹霜海草凋，筋幹精堅胡馬驕。漢家戰士三十萬，將軍兼領霍嫖姚。流星白羽腰間插，劍花秋蓮光出匣。天兵照雪下玉關，虜箭如沙射金甲。

後來，這種武器被民間藝人引用過來，改造成為一種極富表演技巧的雜技節目，稱為「風火流星」。它將武術、舞蹈融為一體，在北方的民間社火、集市、廟會上很是流行。「風火流星」即可以單人表演，也可以多人表演。表演中，通過兩手做背花、饅頭花等動作，使繩子兩端的鐵籠通過慣性由慢到快的旋轉，形成各種各樣的圖案，產生良好的視覺效果。如果再伴以鑼鼓，變換動作，時緊時舒，時高時低，造成險象環生，扣人心弦的雜技動作。人在表演中行、站、坐、臥、翻滾，有如「人在火中，火圍人轉」，演出雙龍開道、火龍纏身、悟空舞棍、火龍十八滾等套路，深受觀眾歡迎。

清末民初，一些小販將藝人使用的「流星錘」的規制縮小，製成玩具，售與兒童。年齡大一些男孩子好逞強鬥勝，買來玩耍，分外驚奇。但是，此物帶有火種，舞動起來特別不安全，稍不謹慎便會燃物傷人，或者失手傷了自己，故而遭大人們的一致抵制，不准孩子玩耍此物。所以，這種玩具流行的時間不長，就被自然淘汰了。只有雜技團還保留著這類節目。

## 10. 上樹摘棗

棗樹在我國栽培歷史悠久，其花香清新，果實可口，一向是孩子們愛吃的東西。《詩經》有句云：「八月剝棗，十月穫稻。」自古以來，先人對棗子的重視程度僅稍遜於稻。棗樹的種植相當普遍，不僅百姓在田頭院落種植，皇室巨宦也遍種棗樹裝點園林。

南朝陳後主有一篇《棗賦》，對棗樹大加贊詠，他寫道：「芳園列幹，森梢繁羅；蕊餘莖少，葉暗枝多。復有奇樹，風間臨柯。深夜影來，未若丹心美，實絳質嘉枝。重針共暗，枝瓠同瑰；羞金盤於冰水，薦玉案於深杯。」透過詩文，棗樹的形、狀、色、味具生眼前。史載：劉伯溫主持修建北京城的時候，每個四合院中都要種植棗樹，一為綠化美觀，二為祛病鎮宅。據說棗木堅實，可以驅魅；棗樹多實，可以蔭宅；保護家庭人丁興旺，福壽綿長。而且北方的小棗品種最好，有慶雲棗、房山虛核小棗，酸甜可口，均為著名。

小孩子最愛吃棗，棗子長熟之際，紅彤彤地掛滿樹稍，不僅點綴庭院風光無限，也把孩子們肚裏的饞蟲也勾引了出來。登梯子上高，爬樹摘棗兒，幾乎

所有的孩子都有此般經歷。就連唐代大詩人杜甫成年後，對兒時上樹摘棗的往事一直也念念不忘。他在《百憂集行》詩中說：「庭前八月梨棗熟，一日上樹能千回。」寫盡了兒時對棗兒的嗜愛。辛棄疾在《臨江仙》詞中也表達了對棗的欣喜：「棗瓜如可啖，直欲覓安期。」紀曉嵐有《食棗雜詠》詩數篇，不僅寫了食棗的饕餮，吃完了還仔細地端詳棗核的大小：「破棗觀其核，中空無所有。」兒童上樹摘棗，不僅僅是他們貪吃，也是一種天真無邪的童趣。

正如清代名士崔旭在《天津竹枝詞》中所寫：

河上秋林八月天，紅珠顆顆壓枝園；長腰健婦提筐去，打棗竿長二十拳。

金秋時節，小棗豐收，大人也好，小孩也好，一起上樹打棗，處在一片無盡的歡樂之中。

## 11. 元宵燈

每年農曆正月十五日，是我國傳統的上元節，這一天的晚上，人們稱之為元夜，亦稱元宵。自從漢文帝時起，每到這一天晚上，全國上下，千家萬戶張

燈結綵，皇帝也出宮賞燈，與民同樂，以慶豐年。此節亦稱元宵節，俗稱燈節。司馬遷創建《太初曆》，將元宵節列為重大節日。隋、唐、宋以來，更是盛極一時。

元宵節放燈是一項重要的習俗。歐陽修有詞云：「去年元夜時，花市燈如畫」；辛棄疾亦有詞云：

　　　東風夜放花千樹，更吹落，星如雨。寶馬雕車香滿路，鳳簫聲

　　動，玉壺光轉，一夜魚龍舞。

都生動地描繪了上元夜人們張燈、舞燈、賞燈、打燈謎，通宵達旦，興致昂然的熱鬧場面。

大人如是，孩子們對各式各樣的燈籠更是愛戀有加。勞祖德在介紹紹興民俗時說：「小兒所嬉花燈，用篾紮成。外糊紅綠紙，中點小燭，有荷花燈、兔燈、雞燈諸名目，各有形狀。紹俗，正月十四夜照蛇蟲，兩小兒一提花燈，一執披笏（晾棉夢時拍打用，藤條制），歌云：十四夜，照蛇蟲，蛇蟲有，把打殺；蛇蟲沒，把踏殺；呵叱呵叱，趕到茅山吃草去。照蛇蟲特於屋角暗處。十五夜堂屋光明，花燈遂無用矣。」孩子們便把各種燈拿到院落中玩去了。周作人亦有《上元》詩寫道：

　　　上元設供燭高燒，堂屋光明勝早朝。買得雞燈無用處，廚房去

　　看煮元宵。

雞燈，是一種糊成公雞形式的紅燈，有催曉之意。另外，還有一種金魚燈、三腳蟾燈，則有乞福發財的意思。造型生動，價格便宜，也是孩子們容易得到手的玩物。對此，周作人作詩記之：

　　　昨夜新收壓歲錢，板方一百枕頭邊。大街玩具商量買，先要金

　　魚三腳蟾。

至於，可以在地上推著行走的兔燈，那就貴得多了，一般兒童不易獲得。有街坊鄰居的小童買一個，兒童常輪流推著玩。還有一種可以繫在身上的馬燈，前邊是馬頭，後邊是馬尾，那可名貴多了，跑將起來，眾童莫不羨慕。

## 12. 猜不著

　　「猜呀，猜呀，猜不著」，是一個很文雅有趣的兒童遊戲。它的玩法是這樣的，一群孩子聚在一起，先由一個孩子帶頭，自報奮勇充當「猜謎的」，再選出一個孩子充當「藏謎的」。如圖所畫，猜謎的孩子被罰站在高臺上，其餘的孩子整整齊齊地排成一排，將雙手背在身後。負責藏謎的孩子手裏攥著一枚小石子，或是隨身攜帶的小玩意兒，走到排成一排隊伍的小孩子的身後，將手中攥著的石子或玩意兒悄悄地放在任何一個孩子的手裏。接到「枚」的小孩一定要不動聲色，假裝沒事人一樣，讓站在臺上猜謎的小孩通過察顏觀色，指出「枚」在誰的手裏。機會只給一次，猜不准就算輸了。遊戲再重新開始，再藏、再猜。如果猜中了，就贏了！下臺去當「藏枚者」。那麼，被猜中的孩子就得出列上臺，去當「猜枚者」。原來的「藏枚者」就去排隊當群眾去了。如是，這個遊戲就這樣輪流的玩下去。

　　據考，這種「猜不著」的兒童遊戲，源自古代飲酒時的「猜枚」娛樂。行酒令的把一個「枚」藏在一排反扣著的空酒杯之下，令「猜枚者」猜。猜中了，有權指令席間任何一人罰酒。猜不中，自罰一杯。到了近代，這種「猜不著」

的兒童遊戲轉化為「丟手絹」。玩時，先選出一個丟手絹的人，其餘的小童圍
成一個大圈蹲下。遊戲開始，群童一起唱起《丟手絹》歌謠：

　　　　丟手絹，丟手絹，輕輕的放在小朋友的後面，大家不要告訴他，

　　大家不要告訴他。啦啦啦啦啦啦，快點快點抓住他，快點快點抓住他。

　　這時，丟手絹的沿著圓圈外或行或跑，在歌謠唱完之前，要不知不覺地將
手絹丟在其中一個小童的身後。被丟了手絹的小童要迅速發現自己身後的手
絹，然後起身追逐丟手絹的。如被抓住，則要罰他表演節目。如果被丟手絹的
小童在歌謠唱完後，仍未發現身後的手絹，而讓丟手絹的小童在轉了一圈後抓
住，就要做下一輪丟手絹的人，他蹲的位置則由剛才丟手絹的人代替。

## 13. 踢球

　　踢球，在古代稱為蹴鞠。踢的方式和球的樣式與現在多有變化。唐代的踢
法是在場地上插兩根長竹杆，頂端結網。踢球人分為兩隊，踢球過網，以決勝
負。杜甫在《清明》詩中寫道：「十年蹴鞠將雛遠，萬里秋韆習俗同」，說明當
時踢球習俗在民間十分普遍。

這種踢球的習俗一直延續到南宋時期，詩人陸游在《春晚感亭》詩中也描寫過踢球的情景：「寒食梁州十萬家，秋韆蹴鞠尚豪華。」「路入梁州似掌平，秋韆蹴鞠趁清明」。踢球的盛行和政府的提倡，使朝廷官宦中就出現了很多踢球健將，例如丁謂、高俅等人莫不長於此道。司馬光也寫了不少描寫踢球的詩：

　　　　鷹鶻勝雙眼，龍蛇繞四肢，驅來行數步，蹺後立多時。

當時，不僅男人踢球，還出現了女子足球專業隊。《文獻通考》記載：「宋女弟子隊一百五十三人，衣四色，繡羅寬衫，繫錦帶，踢繡球，球不離足，足不離球，華庭觀賞，萬人瞻仰。」

不過，古代的足球與現在的足球大為不同，所用材質是用「熟硝黃革，實料輕裁」，球殼是由八片尖皮或「十二片香皮砌成」，用手工「密砌縫成，不露線角」，而且，外觀「碎湊十分圓」，球的重量為「正重十二兩」左右。

可是到了清初，成人的踢球運動不知何故竟然退出了歷史舞臺。在史籍上再也不見有關足球活動的記載。踢球只成了一種兒童遊戲，偶而見著於楊柳青的木版年畫之中。踢時也沒有什麼章法，也不設大門，球，只是兒童的一種玩具耳。李幼芝先生有《竹枝詞》寫道：

　　　　用手一拍三尺高，用腳一踢上雲霄。哄得小兒踢半日，不到日
　　落不還朝。

不過，此時孩子們踢的球已經是橡膠製成的，打上氣，不但輕巧，而且極富彈性，是市井兒童最愛玩的玩具之一。

## 14. 彈球兒

彈球兒，亦稱打彈珠，是舊日風行里巷的一種男孩兒們玩的遊戲。這種球兒，是一種用玻璃製作的，只有大小之分。玻璃球兒的花色挺多，有素色的，通球透明；有花色的，玻璃球裏有各種顏色組成的圖案，俗稱橘子瓣、花雞蛋兒、琉璃翠、大麻殼等等。彼時國人不會製造，大多都是從日本來的進口貨。串胡同賣耍活的小販，路邊的小攤兒，都賣這種玻璃球兒，品種很多，價格不一，都很便宜。男孩子們的口袋裏整天揣著這種玩具。走起路來，「嘩啦嘩啦」地山響。三五成群湊在一起，就地就能玩了起來。

彈球兒的玩兒法有多種，簡單的有「打板」、「出線」、「進老虎洞」。可在近端畫一條起始線，遠端挖個小坑，大多是兩個孩子一組，各自為戰。從起始線附近開始，一個孩子用球兒彈另一個孩子的球兒，誰先將對方的玻璃球兒彈進小坑裏，就算贏了。對方的玻璃球兒也就成了他的戰利品。

彈球兒也有規則，不允許一方特別用力地「叮」另一方的球，不能把漂亮的玻璃球「叮」碎。彈的時候，手的位置應當放在胸前或者腹部，彎曲成直角，不能故意往前伸。如果大家一致認為他犯規了，他彈出的球兒贏了也不算數了。

　　彈球兒可以借助牆和磚頭、瓦片、小石頭等物來充當障礙物，藉以反彈來擊中目標。如圖所繪，甬道上斜支著的瓦片，就是為了反彈而用的。不過，這就很講究技術了。舊日有《兒歌》唱道：

　　　　你說你第一，我說我第一；誰也別吹牛，彈球比出息。

　　有的孩子彈技很高，往往能連擊連中，跑贏全盤，把這一輪在場的所有玻璃球全部收入自己的袋中。

　　有人考證說：這種遊戲是三國時期魏文帝曹丕發明的，史稱，他是一位打彈珠的高手，能百發百中，從不失手。不過，他玩兒的彈珠是一種類似棋子的東西，不是可以任意滾動的小玻璃球兒。

## 15. 轉陀螺

　　陀螺是一種兒童玩具，它的形狀很像海螺，有二寸多高，一寸多寬，多用於木頭揎製而成，上大下小，呈圓錐型，下面裝有鐵尖。玩的時候要用一根細繩纏繞數遭，然後迅速用力抽繩，陀螺便被拋出，落地後，運用慣力，可以直立旋轉。

　　這種玩具出現得極早，在古希臘、古印度、埃及、日本的考古中，都發現過這種東西。據考古專家分析，最早陀螺的用處，是巫師常用的一種預言工具，也是賭博者用來的占卜輸贏的一種器物。

　　陀螺的旋轉功能是依靠物理慣性的原理生成的，大多時候，陀螺在地面上會先不穩定的搖晃，直到陀螺尖將陀螺撐起立直。再旋轉一段時間，就會越轉越慢。孩子們為了讓它不倒，而且增速，就用一條自製的小鞭子反覆地抽打它，增加動力，陀螺又會高速地轉起來。當然，最終陀螺旋轉的量角會越來越小，在激烈的翻跳以後，還會倒落地上。不過，孩子們還是能用它旋轉時間的長短來比賽輸贏的。

　　陀螺最早出現在後魏時期的史籍當中，當時稱為「獨樂」。形狀上半部分為圓形，下方尖銳，多用木頭製成。宋代稱之為「千千」，形狀較小，類似今日的手撚陀螺的造型，大多是象牙製成。原是古代宮女為打發時間玩的一種貴族遊戲，其玩法是將千千放在象牙製作的圓盤中，用手撚動，使其轉起來，等到快停時，再用衣袖拂動它，讓它繼續旋轉，最後，比比看誰的「千千」轉得最久，誰就是獲勝者。

　　陀螺這個名詞出現於明朝，《帝京景物略》一書中有一首民謠唱道：

　　　　楊柳兒青，放空鐘；楊柳兒活，抽陀螺；楊柳兒死，踢毽子。

　　由此可見，在明朝時期，陀螺已成為民間兒童大眾化的玩具之一。當時，這種遊戲是具有季節性的，春天才打陀螺。由此：可以聯想到民俗的「打春牛」，人們把打陀螺稱做「打牛」也是很有道理的。

## 16. 悠槓子

悠槓子，是一種兒童遊戲，也是一種雜技運動和體育活動。玩的時候，是兩個小童充當「槓托兒」，將一支長竹竿或木頭槓子各執一端，扛在肩頭，另一個小童可以在槓子中間，雙手盤住槓子，雙腳離地悠著玩，同時，做出各種不同的花樣動作，如「鯉魚打挺」、「白猿獻壽」、「仙童打坐」、「一步登天」等等。技術高的，還能翻身上槓，做出倒立，拿頂等高難動作，這就有點雜技的味道了。清人李聲振在《百戲竹枝詞》中寫道：

> 雙足翹翹轉踏空，步來反掌似生成。自從看罷蜻蜓豎，始信人
> 間有倒行。

這種遊戲是單槓運動的始祖，起源可追溯到人類的祖先。原始人在叢林中進行的各種攀登、爬越、擺動、擺蕩等練習。最初，它只是一種生活實用技能，後來，隨著社會的進化就逐步成為一種鍛煉身體的手段。進入封建社會以後，它與祭神賽會逐步結合，逐漸形成了「槓子會」，民間也出現了專門練槓子的「槓子房」。成人們練槓子的器械，是採用在兩根交叉的木棍上架一橫槓，俗稱「五根棍」。河北農村的少壯青年在農閒時，時常到「槓子房」裏鍛煉身體。

若煉就一身槓術，可在社火走會中大顯身手，稱雄一時。孩子們學大人玩槓子，就沒有這種條件，乾脆就用人來當支架了。

　　在成人運動中，「悠槓子」變成了雜技。民國時期，最突出的玩主要數天橋的「飛飛飛」了。他能在槓子上做出多種高難動作，如單手握槓，走「大車輪」、「后羿射日」、「哪吒探海」，雙手握槓，表演「飛車大戰」、「渾天球」、「張飛騙馬」、「轅門射戟」等等，在槓上上下翻飛，有時雙腳掛槓，倒立於地，然後又兩個空翻後單手立於槓上，紋絲不動，冠絕一時。時人有詩讚之：

　　　　屈曲誰教學楚猱，身材得似軟苗條；座中且看如弓樣，漫道生
　　平不折腰。

　　十九世紀末，德國體操家在柏林郊外的哈森海德體操場上，首次安裝了世界上的第一副單槓，供大家鍛練身體用。後來，逐步將木槓改為鋼製，增加了槓的彈性和承受力，最終發展為一項科學的體育項目。民國初年，廢除了科舉制度，洋學堂如雨後春筍蜂擁而起。學校的操場上多建起木製或鐵製的雙槓，槓上運動得以廣泛的普及。

## 17. 打秋韆

　　秋韆，是用繩索懸掛於木架、下拴踏板、可以蕩踏的一種遊戲器物。青少年、小孩子們都愛玩，若站立在秋韆上，用力蕩起來，忽上忽下，面對青天白雲前後飛舞，真有凌空欲仙之勢。才子唐寅有一首《秋韆詩》寫道：

　　　　二女嬌娥美少年，綠楊影裏戲秋韆。兩雙玉腕挽復挽，四隻金蓮顛倒顛。紅粉面對紅粉面，玉酥肩共玉酥肩。遊春公子遙鞭指，一對飛下九重天。

　　秋韆的起源，可追溯到上古時代。我們的祖先為了生活，幾乎每天都要上樹採摘野果或獵取野獸。他們往往抓住粗壯的蔓生植物，依靠藤條的搖盪擺動，爬上樹巔或跨越溝澗，藤蔓和樹枝條就是秋韆的原形。至於後來，將繩索懸掛於木架上，下拴踏板的秋韆為遊戲之用，在春秋戰國時期就出現了。《藝文類聚》中就有「北方山戎，寒食日用秋韆為戲」的記載。當時，拴秋韆的繩索為結實起見，通常以獸皮條製成，故而秋韆的繁體字均以「革」字為偏旁。後來，「蕩秋韆」這種遊戲一度成為皇室貴族婦女們的遊戲。唐人高無際有《漢武帝後庭秋韆賦》寫道：「秋韆者，千秋也。漢武祈千秋之壽，故後宮多秋韆之樂。」到了唐代，宮廷把「蕩秋韆」稱為「半仙之戲」。

　　明代之後，打秋韆的活動成為民間的社火節目之一，人們在清明、寒食時節，常以「蕩秋韆」為樂。俗諺說：「悠一悠，不長秋」，春天打了秋韆，秋天不得瘟病，因之普及很快，幾乎每個村落的場院、灘頭都支有秋韆架。《濰縣志稿》描寫甚詳，上記：

　　　　白浪河邊沙灘上，坎地豎以木柱，上綴橫樑，四面繩繫畫板，謂之「轉秋韆」。小家女子，多著新衣，圍坐畫板上。柱下圍一木柵，內有人推柱使轉，節之以鑼。當鑼聲急時，推走如飛，畫板可篩出丈餘，看似危險，而小女子則得意自若也。又於秋韆柱頂上懸一小旗，並繫以錢，則有多數勇健少年揉升而上，作「猴兒坐殿」、「鴨鴨浮水」、「童子拜觀音」種種把戲，謂之「打故事」。捷足者得拔旗攜錢以歸，觀者乃誇讚呵好不絕。

　　小童最愛打秋韆，自己蕩不起來，大人從後邊慢慢推送，伴著歌謠唱道：

　　　　桃花開，杏花敗，李子開花蕩起來。我家寶寶中間坐，閉裏眼睛雲裏來。

## 18. 冰出溜

　　我國北方多雪寒冷，每到冬季，滴水成冰，室外的冰雪也成了孩子們的遊戲之物。

　　溜冰是成人或大孩子們的一種玩法，他們在腳下綁上一種特製的、底部帶有鐵絲的冰鞋，在冰面上奔跑滑行，間或做出各種花樣來，稱為溜冰。

　　據考，溜冰活動起源於宋代，常見的有一下幾種玩法：一是在河道上設有專供遊樂使用的冰床，人們坐在冰床上可以滑行兜風。二是在冰上踢球。三是跑冰，穿上有鐵齒的鞋，在冰上滑行，爭先取勝。四是花樣溜冰，在冰上做出各式各樣的特技表演。五是冰上雜戲。直到清朝，這類冰上活動更加盛行。不僅在民間普遍開展，就是在宮廷裏，每年也要舉行一次規模很大的溜冰活動，俗稱「冰嬉」。

　　「冰嬉」之制，是一個軍事訓練項目。按清代規定，每年冬至到三九，八旗兵丁要在太液池表演走冰，皇帝要親臨現場觀看。他們除了在冰上表演雜技動作之外，還要在奔跑中進行射箭比賽。冰場中央設立旗門三座，上掛什色彩球。跑冰的人要在疾速的滑行中，彎弓搭箭，把彩球射中。《清宮詞》中有不少詩記述其勝，其中一首寫道：

冰瑩點點放銀光，箭鏃閃閃似飛蝗，健兒猿臂獻身手，彩球飛
落報君王。

當然，兒童的溜冰遊戲就不會有這類高難的動作了，小朋友最常玩的是
「冰出溜」。他們三五結伴，爬到積有冰雪的陡坡之上，再或蹲或坐地從坡上
「出溜」下來，好像滑滑梯一樣，從中體會到速度給他們帶來的快樂。如果家
中的庭院中，並無陡坡存在，孩子們也會彼此扶持推拉著，在冰面上「出溜」
著玩。時人有《竹枝詞》云：

相互扶架上冰臺，大孩哄著小孩來。足下一蹬冰雪塊，嗖地一
下下瀛臺。寒風似箭嚓臉過，煞時飛出天蘄來。三魂未定九魂破，
嚇得小孩虎帽歪。

## 19. 堆雪人

堆雪人，是下雪天兒童們的一項有趣的活動。北方的冬天，雪下得很大，
「忽如一夜春風來，千樹萬樹梨花開。」雪大，才能積累出足夠雪花，才能堆
出雪球。氣溫也要夠低，才能使積雪不會迅速融化。

　　孩子們湊在一起，先把地上的雪用手團成兩個球，然後放在雪地上滾。這兩個球會越滾越大，最大的可以做雪人的身子。滾得小一些的雪球，把它放在大雪球上，用它來做雪人的頭。初步成型以後，孩子們會用鏟子鏟些積雪，把雪人的頭頸和身子黏起來。如果怕雪人站不穩，可以在後面用樹枝把它支撐住。然後，再用煤球、石頭、瓶蓋做它的眼睛。嘴巴可以用不同形態的小樹枝來表現雪人的喜怒哀樂。再用胡蘿蔔、香蕉做雪人的鼻子，把一把掃帚插在它的懷裏，那就更漂亮了。

　　雪人不僅供孩子們遊戲觀賞，還鍛煉了他們的身體。尤其在春節前後，一個漂亮的雪人立於庭院之中，與大人孩子一起享受新雪的柔軟與飄逸，品味雪天的清新與芳香，是何等的溫馨愉快。時人有《詠雪人》詩寫道：

　　　　瑞雪堆成玉潔身，態似佛陀總笑人。無心不屑善與惡，有相無視假和真。清濁有緣來相會，去來如夢豈非因？愛與頑童做遊戲，不笑我擋要路津。

　　在文獻記錄中，我國古人堆雪人的歷史可以追溯到宋代。不過，那時候堆的並不是雪人，而是雪獅子。北宋《東京夢華錄》記載：每年冬季臘月，東京汴梁城裏的縉紳富裕人家，遇到下大雪的日子，就會舉行酒宴招待親朋故舊宴飲，同時要在庭院裏堆雪獅。

　　詩人張耒有《戲作雪獅絕句》一首：

　　　　六出裝來百獸王，日頭出後便郎當。爭眉霍眼人誰怕，想你應無熟肺腸。

　　堆雪人的歷史肯定發源很早，但是，翻古籍確無一字記載，顯然是文豪們對這種兒童遊戲全然蔑視了。到是如今的雪雕藝術家們把「堆雪人」奉為雪雕藝術的鼻祖。他們說：雪雕是不透明的、白色的、樸實的造型之美。但是它又是一種殘酷藝術，付出巨大，卻只能保留百日左右，隨著春暖花開，雪人的美麗和它的遺憾、它的故事、它的辛酸，都將付諸東流。這些彷彿是一次人生的隱喻。

## 20. 吹泡泡

　　舊日裏，孩子們常常在一起吹泡泡玩，他們是用一支中空的小葦管，一頭沾上一些肥皂水，一頭用嘴輕輕的向空中一吹，便會飛出一串肥皂泡。有的泡泡大得像氣球，有的泡泡很小，像──透明的玻璃球，飄得滿天都是，在陽光下，一個個泛出霓虹般的色彩，把兒童們的神思和幻想帶上了浩渺無際的天空。

　　吹泡泡，不但是中國孩子們的遊戲，也是外國孩子們的遊戲。二百年前，法國著名畫家夏爾丹繪有一幅風俗畫：一個平民少年正在從室內向室外吹著肥皂泡，他聚精會神小心翼翼地將肥皂泡越吹越大，身邊還有一個僅有三、四歲的孩子，正踮著腳扒著窗臺使勁地看著那只神奇的泡泡。這種清閒、安逸的生活情趣，反映了平民的孩子們淳厚、善良的美好情感。這幅名畫迄今陳列在美國大都會藝術博物館。美國著名作家馬克·吐溫曾熱情地謳歌肥皂泡，他說：「肥皂泡，是自然界最激動人心的和最奇異的現象。」

　　但是，在我國的古代文獻中卻找不到一例有關「吹泡泡」的記載。這大概是與我國使用肥皂的歷史較晚有關。我國古代用來洗滌和沐浴的清潔劑，用的是植物皂莢。三國時期才發明了用豬胰子和澡豆一起熬製的「胰子」。

北魏賈思勰在《齊民要術》中提及豬胰可以去垢的辦法。直到光緒中年，歐風東漸，西方的「洋胰子」進入了中國。不久，我國近代化學家徐華封在上海創辦了中國第一家化學肥皂廠，開始生產肥皂。因為肥皂去污力強，方便好用，普及得很快。未幾，肥皂便成了城鎮的家庭主婦片刻不能缺少的日常用品。肥皂遇水易化，可以生成很多皂泡，於是，孩子們用肥皂水吹泡泡，就成了一種很普及的遊戲。一小杯肥皂水，一根葦管，可以哄孩子玩上半天。

近代有《兒歌》唱道：

> 白云是太陽吹的泡泡，帆船是大海吹的泡泡，西瓜是大地吹的泡泡，蝌蚪是青蛙吹的泡泡，降落傘是飛機吹的泡泡，毛線團是媽媽吹的泡泡。

## 21. 放風箏

放風箏，在我國有著悠久的歷史。風箏起源於春秋時期，相傳宋國大夫墨翟曾用了三年的工夫，研究用木板製成了一隻木鳥，它有一對翅膀，可以自由開合，能立能飛，可以說是風箏起源。後來，魯班改進用竹子製成了一隻「木

鳶」，並將它用於軍事，放飛到空中「可以偷窺宋城」。東漢時期發明了紙張，坊間就開始用紙來製作又輕巧、又精緻的「紙鳶」，「紙鳶」可以染上各種顏色，畫上各種圖案和花色，而成為一種藝術品。從唐朝開始，風箏就變成了成年人和兒童的一種藝品和玩具。人們在「紙鳶」上用絲條或竹笛作成響器，侍其升空之後，風吹鳴響，錚錚有聲，於是便有了「風箏」的名字。

傳統的風箏一般分為硬翅、軟翅、傘子、板子、串子和筒子形幾類，人們大都於春風和煦的二、三月裏放飛風箏，並開展風箏比賽活動。據《武林舊事》載：「競縱紙鳶，以相勾引，相牽剪截，以絕線者為負」。放風箏就成了平民和兒童們的一種日常遊戲。詩人元稹曾有句云：「有鳥有鳥群紙鳶，因風假勢童子牽」，生動地描寫了彼時兒童放風箏的情景。高鼎也有詩云：

　　　　草長鶯飛二月天，拂堤楊柳醉春煙。兒童散學歸來早，忙趁東
　　風放紙鳶。

這種遊戲一直延續到今天。

## 22. 打腰鼓

　　腰鼓，是用木質製成的一種長圓形鼓框，兩端小，而腰部較粗，雙面蒙有鼓皮，是一種打擊樂器。據說，腰鼓源自古代的戰鼓。產生於春秋戰國時期。當時守邊疆的士卒們，各個都手持刀槍，另有身背戰鼓的士兵列隊其中，在與敵人短兵相接的時候，背鼓的士兵便擂起鼓來，用急促激越的鼓聲，砥勵士兵殺敵之氣。一旦取勝，擊鼓慶賀。此後，從擊鼓殺敵，逐漸演變成為由軍樂隊，模擬征戰時各種廝殺的場面，形成一種戰鬥性的舞蹈。古曲中有「蘭陵王破陣曲」，便是腰鼓最早的一種表演形式。傳入民間後，就慢慢地演化為民間戲劇和鄉村社火。

　　社火腰鼓原流行北方和山陝地區，表演時，每人左腰挎一個尺半長之圓形小鼓，雙手執繫彩綢的鼓捶一對，邊行進，邊擊鼓，有正擊、順擊、倒擊、胯下擊等各種擊鼓花樣。腰鼓隊少則十多人，多的可達數百人，隊伍龐大，動作齊整，花樣翻新，彩綢飛舞，鼓聲震天，十分壯觀。宋元時期，腰鼓傳入中原地區，成為藝人表演的一種道具。例如安徽鳳陽地區，打腰鼓是男女長幼人人都會。每到年成不好的時候，他們就成群結隊地走南闖北，打著腰鼓，唱著「花鼓調」賣唱乞討。「說鳳陽，道鳳陽，鳳陽是個好地方，自從出了朱皇帝，十年到有九年荒。……」這段唱詞便隨之流傳大江南北。

　　打腰鼓時，動作輕鬆活潑，愉快瀟灑，載歌載舞深得孩子們的喜愛。市面上便出現了各式各樣、大小不一的玩具腰鼓，賣給孩子們打著玩，打腰鼓也就成為兒童們遊戲的內容之一。

## 23. 賞菊花

　　重陽節又稱菊花節，此時的菊花開得分外茂盛。而菊花俗稱九花，九九重陽，菊花象徵著幸福長久、九九長壽。故每年金秋時節，菊花燦爛，爭相獻瑞，賞菊也就成了重陽節習俗的重要部分。文載：重陽賞菊之風，起源於晉朝詩人陶淵明的提倡。陶淵明不事權貴，隱居山鄉，以詩、酒、愛菊出名，寫有「賞菊東籬下，悠然見南山」之名句，使賞菊上升到文人士大夫棄世脫俗、雅韻清高的高度，使後世文人雅士宴飲賞菊成為慕陶的一種象徵。

　　自三國魏晉以來，重陽聚會飲酒、賞菊賦詩已成時尚。《東京楚華錄》載：「九月重陽，都下賞菊，有數種。其黃、白色蕊者蓮房曰『萬齡菊』，粉紅色曰『桃花菊』，白而檀心曰『木香菊』，黃色而圓者『金齡菊』，純白而大者曰『喜容菊』，繁花似錦、不讓春日百花。明代《陶庵夢憶》中也記載：「兗州紹紳家風氣襲王府。賞菊之日，其麵食、其衣服花樣，無不菊者。夜燒燭照之，蒸蒸烘染，較日色更浮出數層。席散，撤葦簾以受繁露。」

　　賞菊之風一直沿續至今。成人如此，兒童也必遭薰染。每到金秋百菊盛開之際，兒童們也聚在一起，仿傚成人觀菊、賞菊、品菊，辯識菊花名目，是一種高雅的童趣。

## 24. 抖空竹

　　清人顧太清有詞云：

> 春將至。晴天氣。消閒坐看兒童戲。借天風。鼓其中。結綵為繩，截竹為筒。空。空。人間事。觀愚智。大都製器存深意。理無窮。事無終。實則能鳴，虛則能容。沖。沖。

　　他寫的是「春日觀兒童抖空竹」的情景。空竹，因中間是空的而得其名，它也稱響葫蘆或扯鈴。空竹分為單輪和雙輪兩種，輪面多為木製，輪圈則用竹製成，上有小孔若干。抖空竹的人雙手各持一根兩尺來長，用五尺的棉繩連接著的竹棍。棉繩繞軸一圈或兩圈，一手提一手送，將空竹拽拉抖動，在風的吞吐下，發出嗡嗡叫聲，渾濁打遠，戰鼓雷鳴，十分動聽。而且，抖空竹的人姿勢多變，玩法憑多，樂趣無窮，頗能吸引兒童參與其中。善於抖空竹的玩家，

在抖空竹時，上肢提、拉、抖、盤、拋、接，下肢走、跳、繞、騙、落、蹬，眼要瞄、追，腰要扭、隨，頭要俯仰、轉扭，若行若走，若舞若蹈，即美觀好看，又可健體強身，是民間常見的一種娛樂遊戲。

空竹在我國出現得很早。三國時期，抖空竹的遊戲便已十分普及。曹植曾為空竹做賦云：

> 樂手無蹤洞簫吹，精靈盤絲任翻飛。小竹緣何成大器，健身娛樂聚人氣。

據劉侗《帝京景物略》講，明代製作空竹已是一門行業。「空鐘者刳木中空，旁口，湯以瀝青。別一繩繞其柄一勒，空鐘轟而疾轉。大者聲鐘，空竹也」。表明每到新年時節，小販製作空竹售賣，也是一門很紅火的生意。同時，也出現了以抖空竹做為謀生的職業，《天橋叢談》一書中，寫了光緒年間一個叫德子的人，他抖起空竹來上下飛舞、翻轉騰挪，花樣翻新，令人口怔目眩。現在時興的一些抖空竹的技術，都是這位德子發明的。

## 25. 太平鼓

　　所謂太平鼓是一種有柄的單面鼓，形同一把蒲扇，四周用鐵絲為框，蒙以羊皮，柄下綴有數枚小鐵環。有的鼓面上還畫有人物、花草，鼓框襯以絨球或花生穗。舞者左手持鼓，右手拿一鼓鞭，邊舞邊打，一邊唱歌。

　　這種太平鼓是滿洲八旗子弟的發明。據說乾隆時期，八旗兵丁攻打大小金川時，暇餘，為了逍遣和鼓舞士氣而發明的。後來傳入民間，藝人稱之為「唱繩」，象徵「太平安樂」的意思。表演時，大多成雙成對，騰挪跳躍。每人左手持鼓，右手持鼓槌，邊打邊舞，鼓聲和金屬聲音，清脆悅耳，著實可聽。小夥子跳起來，舒展挺拔，姑娘家則舞姿柔韌輕巧。每年春節前後，青年婦女和小孩子們三五成群跳起「鬥公雞」、「撲蝴蝶」、「走月牙」、「編辮子」、「花梆子」。唱花、唱草、唱古代聖賢和歲時風俗，自清代至民國初年，打太平鼓極為盛行。大人以此為樂，孩子們耳濡目染，太平鼓也就成了童戲的玩具。

## 26. 招貓

北京有句俗語，用來申斥淘氣好動的「熊孩子」：「整天招貓逗狗的，一時也不得安靜」。實際上，小孩子喜歡小貓小狗是一種天性。他們願意與小貓小狗交朋友，和它們一起遊戲玩耍，盡享嬰嬰之樂。

在中國歷史上，很早就有養貓的記載。但彼時養貓主要是用來捕鼠。《禮記》中有：「古之君子使之必報之，迎貓為其食田鼠也。」到了唐宋時期，人們養貓，才逐步淡化了捕鼠的功能，成為陪伴人們的「寵物」，並融入人們的日常生活。從這一時期開始，詩文和書畫中，出現了越來越多貓的影子。宋代詩人陸游就寫下了很多首關於貓的詩歌。在他的《歲末盡前數日偶題長句》中就提到：「穀賤窺籬無狗盜，夜長暖足有狸奴。」說他晚上睡覺的時候，竟然還需要貓來暖足，可見貓與人們生活的密切。

有意思的是，在唐宋時期，貓還有了「狸奴」的雅號，而且還有了專門研究貓的「相貓術」。北宋會稽陸佃著有《坤雅》一書，指出：「貓有黃、黑、白、駁數色，狸身而虎面，柔毛而利齒，以尾長腰短，目如金眼，及上腭多棱者為良。」明嘉靖皇帝最寵愛的一隻獅子貓，它有一身滑膩捲曲的淡青色毛，惟有眉毛卻「瑩白若雪」。不但性格溫順，而且還善解人意。嘉靖皇帝對它愛不釋手，並賜「霜雪」美名。霜雪死後，隆重禮葬，並用金子製作了一個棺材，安葬在萬壽山北坡，還為它御筆題碑，命名「虯龍墓」。

清代有人著《貓苑》一書，全書分《種類》、《形相》、《毛色》、《靈異》、《名物》、《故事》、《品藻》等七門，可說是一部品貓的百科全書。從此，貓的身價備增，而養貓的人群更加普及。孩子們與貓玩耍嬉戲也便是司空見慣的事情了。不過，民間也有「男不養貓女不養狗」之說。因為貓性戀人，晚間愛鑽入主人被窩，與人共眠。男主人若喜裸睡，夜間春夢，陽物勃起。貓會認為是鼠子來襲，貓出於護主之情，便會竄上去猛咬，而且咬住便不鬆口，導致男人下體重傷或致殘。這類傷害案例甚多。故家長多不准男孩子寵貓。

## 27. 逗狗

　　自古以來，狗是人的寵物，也是人的朋友。狗很聰明，能通人性。狗認準了一個人，這人便是它的一切。會不離不棄地陪伴著他的主人，這也是狗狗從古至今被國人所喜愛的主要原因之一。

　　古人愛犬的故事很多，如《述異記》所載：「漢代陸機有一寵犬，常將自隨。此犬黠慧，能解人語。又常借人三百里外，犬識路自還。機羈官京師，久無家問。機戲語犬曰：『我家絕無書信，汝能齎書馳取消息否？』犬喜，搖尾作聲應之。機試為書，盛以竹筒，繫犬頸。犬出馬日路，走向吳，饑則人草噬肉，每經大水，輒依渡者，弭毛掉尾向之，因得載渡。到機家，口銜筒，作聲示之。初家開筒，取書看畢，犬又向人作聲，如有所求。其家作答書，內筒，復繫犬頸。犬復馳還洛。計人行五旬，犬往還才半。後犬死，還葬機家村南二百步，聚土為墳，村人呼之為黃耳冢」。後來，「黃耳傳書」已為成語。

　　漢代，皇宮裏還專設置了「狗監」的官職，音樂家李延年就曾在「狗監」中當過培馴寵犬的「狗官」。常言「上有好者，下必甚焉」，民間養犬的習俗也就南北風行了。但民諺有「女不養狗」之說，是因為狗通人性，如女子過於寵

愛，亦會有性侵的個案發生。據說民國初年，滬上政府還在老《申報》上頒布過「禁止女子豢養男犬」的公告。

兒童愛犬是出於天性，平時以犬為侶為伴，一同嬉戲、一同玩耍的故事，入詩入畫，也就不用筆者細述了。但是，不養大型犬，不准孩子與大型犬親近是任何一位家長都知道的事。

## 28. 地出溜兒

「地出溜兒」是古代一種燈類的兒童玩具，人們也叫它「滾地燈」和「大煙袋燈」。這種燈的造型比較獨特，一根長長的木棍前面，下方裝有一個可以滾動的小木輪，上方裝有一個六棱的絹紙糊的燈籠。燈籠的外面繪有花卉、鳥獸，或是戲出人物燈內可以點燃蠟燭。晚間小童推動起來，可以在廳堂庭院四處奔走，紙燈孩還會轉動，燈上畫的花鳥走獸和人物如同活了一樣，跟著跑動，殊為生動有趣。孩子們都愛玩這種燈。舉起來，像老爺爺、老婆婆們的長煙袋。在地上滾動時，孩子們都叫它「地出溜兒」。正如元稹《雜憶》詩有句云：

寒輕夜淺繞迴廊，不辨花叢暗辨香。憶得雙文朧月下，小樓前
後轉燈忙。

## 29. 踏春風

中國民間的踏春習俗，在先秦即已存在。每當三月初三春日以降臨的「上
巳節」，男女長幼結伴踏春，傾城而出，或到春郊採蘭，或到水濱濯足。《詩經‧
鄭風》云：「出其東門，有女如雲。」就直白地寫出熱戀中的青年男女，在春日
出東門踏春的歡快心情。到了唐代，女權的社會地位的提升，可以自由的擇婚
選婚、結伴踏春，「人約黃昏後，月上柳梢頭」甚為風行。彼時「踏春」已稱「遊
春」和「野步」，且伴以採野花，鬥百草為樂。兒童們伴隨哥哥姐姐或大人們野
外踏青，自是一樁求之不得的美事。陸游有詩《春日暄甚戲作》寫道：

桃杏酣酣蜂蝶狂，兒童相喚踏春陽。老人自笑還多事，預恐明
朝雨壞牆。

兒童們踏青，暫離居室書房之寂，遠眺青山綠水，近親花草樹木，大自然
的開曠與清新，開啟著童稚的心扉，不僅增長了見識，也增長了知識。到郊外
踏春風是兒童心儀的追求。

　　民國改制之後，開始注重兒童的心身教育和培養。國民教育廳將兒童踏春風的活動定為「春遊」，要求各學校以一種幼教課程的形式堅決予以貫徹執行。

　　從此、春遊、春假、兒童節相繼成了兒童教育的法定成例。

## 30. 放炮仗

　　王安石在《元日》詩中描寫了宋代人們過新年時的歡樂景象：

　　　　爆竹聲中一歲除，春風送暖入屠蘇。千門萬戶瞳瞳日，總把新
　　桃換舊符。

　　新春來臨，旭日初升，家家戶戶都點燃了爆竹，喝著屠蘇美酒，忙著更換新的避邪桃符。

　　放爆竹是中國傳統民間習俗，已有兩千多年的歷史。相傳放爆竹的目的是為了驅趕一種叫做「年」的怪獸。每當午夜正子之時，各家各戶放起了爆竹，響聲震遍環宇。孩子們興高采烈，歡呼雀躍慶祝新春。在這「歲之元」、「月之元」、「時之元」的「三元」時刻，放爆竹寓意旺氣通天，興隆繁華。寄託了人們迎祥納福的美好願望。宋代詩人劉敞寫道：

節物隨時俗，端憂見旅情。土風猶記楚，辭賦謾識倫。烈火琅
玕碎，深堂霹靂鳴。但令休鬼瞰，非敢願高明。

爆竹的發明，起源於上古部族為了驅鬼除魔，用火燒烤青竹，會發出畢畢
剝剝的響聲，所以稱為「爆竹」。待火藥發明之後，人們用多層紙張密卷火藥，
接以引線，燃放升空，爆炸發聲，因而又稱之為「炮仗」。民間的炮仗，出於遊
藝之用的玩意兒，後來發展成五花八門的各色品種。沈榜在《苑署雜記》記載：
大響聲的叫「響炮」，飛得高的叫「起火」，帶炮聲的叫「二踢腳」、「三級浪」，
不響不起，而在地上旋轉的叫「地老鼠」，外形象花草的叫「花兒」，用泥土封
住的叫「砂鍋兒」，用紙包的叫「花盆」。都是孩子們最愛燃放的玩意兒。

# 31. 拉象車

用大象拉的車，象徵著盛世太平。《韓非子》記有：「昔者黃帝合鬼神於西
泰山之上，駕象車而六蛟龍。」漢代崔駰在《四巡頌》也記有：「駕太一之象
車，升九龍之華旗。」歷代均稱象車是明君帝王所乘之車。清代詩人屈大均寫
有《維帝篇》：

黃帝駕象車，飛廉揮虹鞭。一夫先拔木，五丁齊開山。魑魅紛來戰，雷霆相糾纏。予時當一隊，矢盡猶爭先。猛士盡瘡痍，一呼皆騰鞍。

民間的製燈作坊嘗以「象車」為題材，用竹篾為架，用紙或紗布糊製成一個象型的燈籠。腹內可以插製蠟燭點燃照明。燈的腹底裝有四個小輪子，並在燈前拴有繩帶，供孩子們牽拉著這只「象燈」四處行走。入夜之際，牽著「象燈」穿堂過室，繞床繞凳，穿越迴廊，走入庭苑，在燈光閃爍之際，四周景色頓生神奇之感。會招來眾多玩童圍觀追隨，拉象燈的小童更是得意驕傲。實有「武帝平，乘大車，驅馴象，黃門鼓吹數十人」之狀也。

## 32. 捉青蛙

最近讀到一篇散文，寫農村孩子捉青蛙的事兒，殊為生動有趣：「每到夏日，小小的池塘就成了孩子們的樂園，游泳、摸魚、捉青蛙，整天就是泡在這些池塘中。蘆葦塘的青蛙多，一隻隻趴在水邊鼓足了氣囊咕呱亂叫，徒手是很

難捉得到的。也不知是誰的發明，折一根蘆葦，將頂端細而柔且韌的尖鬚，繫一個活扣，遠遠的伸向正在叫著的青蛙的頭部，那青蛙見到圈扣，便慢慢地伸出前爪一下一下地撓，當瞅準了蛙的兩隻前爪都落進扣中的時候，他就猛地一挑，那青蛙便被高高地甩在了空中。捉住青蛙，大家一片歡騰，圍著玩過一陣便放跑了，接下來再捉再放。那時，家家的日子過得都很窮，一年到頭除了過年和中秋節，是很難吃到肉的，但村里人都不肯輕易殺生，從來沒有人把青蛙拿來吃的，這都是老輩人一代代傳下來的習慣。」

　　青蛙俗稱蛤蟆，古代則稱為「蛙」或「螻蟈」。它專吃池塘和稻田裏的害蟲，是很有特點的益蟲。故而，歷代政府都有「禁捕蛙令」，禁止民間捕食青蛙。青蛙的形態也是很有特點的，毛澤東有一首很有趣的詩描寫青蛙：

　　　　獨坐池塘如虎踞，綠蔭樹下養精神。春來我不先開口，哪個蟲
　　兒敢作聲。

## 33. 逛花園

花園是以植物觀賞為主要特點的綠地。在舊社會在公共地段獨立設園的並不多見，而在文人薈萃、富戶集中之地，如蘇杭江浙一帶，附屬宅院的花園憑多。這類花園以奇石怪樹，花卉亭臺為主，供自家眷屬和親朋好友，逍遣遊玩、觀花賞景之用。面積雖然不大，但設計十分考究。園中栽有多種花卉，且用花壇，花臺，花緣、花架和花叢等方式，來顯示其豐富的色彩和姿態。考究的花園成就了無數詞人墨客的雅興，留下無數高雅的詩篇。也成就了無數才子佳人的幽夢良宵。正如杜麗娘之歎：「不近園林，安知春色如許！」

同樣，清幽寂靜的花園也是兒童們玩耍的樂園。魯迅先生在回憶他兒時娛樂天地的「百草園」寫道：

> 不必說碧綠的菜畦，光滑的石井欄，高大的皂莢樹，紫紅的桑葚；也不必說鳴蟬在樹葉里長吟，肥胖的黃蜂伏在菜花上，輕捷的叫天子（雲雀）忽然從草間直竄向雲霄裏去了。單是周圍的短短的泥牆根一帶，就有無限趣味。油蛉在這裡低唱，蟋蟀們在這裡彈琴。翻開斷磚來，有時會遇見蜈蚣；還有斑蝥，倘若用手指按住它的脊樑，便會啪的一聲，從後竅噴出一陣煙霧。何首烏藤和木蓮藤纏絡著，木蓮有蓮房一般的果實，何首烏有臃腫的根。有人說，何首烏根是有像人形的，吃了便可以成仙，我於是常常拔它起來，牽連不斷地拔起來，也曾因此弄壞了泥牆，卻從來沒有見過有一塊根像人樣。如果不怕刺，還可以摘到覆盆子，像小珊瑚珠攢成的小球，又酸又甜，色味都比桑葚要好得遠。

每當讀到這段文字，都會把人引入孩童時代在充滿大自然的環境中，所享受到的無邊樂趣。

## 34. 學請醫

　　舊日的京劇舞臺上有一出小戲，名叫《老黃請醫》。是描寫一位老者為病人請醫生來家看病的故事。雖說是獨角戲，但由名丑演來，也極具恢諧。

　　小小的頑童，自襁褓中長到吚呀學語或繞床學跑的過程中，少不得會有自身生病或家人染恙的事情。那時，舉家的慌亂焦急的神態和身影，以及請到醫生後的那種慢步輕聲、小心翼翼的狀況，都會在兒童的心靈之中釀成一種異常神秘的狀況。直到長大成人後也是難以忘卻的。小孩模擬成年人請醫看病，便也成了一款有趣的小遊戲。

　　遊戲的開始，便是由一個小童假裝生病，另一個小童就急急忙忙地去請醫生。再由一名年長一些的小童，身著長衫扮成醫生來家看病。他選擇了不同的道具，裝做聽診器和打針用的針管等，神情凝重。煞有其事地為病童望舌、切脈、聽診，並做出診斷。接著認真地打針、開藥，最後再給一個棒棒糖，算是一套完整的治療。「病孩兒」就可以起身痊癒了。如果繼續玩下去，「病孩兒」和「醫生」就可以輪流「坐椿」了。紀曉嵐曾開玩笑地修改了孟浩然的詩，嘲笑這些裝扮醫生的小童說：「不明財主棄，多故病人疏」，都是庸醫也！

## 35. 黏知了

知了的學名叫蟬。它是一種棲息於樹上，像蟋蟀一樣會鳴叫的昆蟲。古人對蟬的稱呼很多，如蜩、螗、蜺、蟪、蝂、蟜、蟪蛄、螗蜩等。蟬，大多數的體型不大，成蟲體長多在半寸之間。蟬的外殼堅硬，雙翅發達而透明。鳴叫起來振耳欲聾。虞世南有詩云：

> 垂緌飲清露，流響出疏桐。居高聲自遠，非是藉秋風。

另外，蟬脫還有藥性作用。蟬蛻味甘，性寒，能疏散肺經風熱，宣肺利咽還能止癢止咳。正因如此，黏知了就成了一種行業，它的起源很早，《莊子‧達生》裏有一則故事說，孔子去楚國的路上，看到一個駝背老人用長竿黏蟬，如同撿東西一樣輕鬆容易。

黏知了先要準備長竹竿和黏膠。在竹竿一端固定一塊桐油膠，或用麵筋做黏膠。從業者把黏下來的蟬或蟬脫集中起來，賣到藥店可以發個利市。而孩子們對黏知了更是有趣，袁枚有詩云：

> 牧童騎黃牛，歌聲振林樾。意欲捕鳴蟬，忽然閉口立。

牧童如此，城郊小童也有捉蟬之好。每到夏日知了喧囂時節，他們都紛紛擇用長杆去黏知了了。黏得的知了聽其蟬噪，不僅好玩，而且可以烤熟食用。知了含蛋白脂極高，吃起來也糯綿可口。

# 36. 捕魚

唐朝詩人胡令能有一首描寫兒童在河邊釣魚的詩：

　　　　蓬頭稚子學垂綸，側坐莓苔草映身。路人借問遙招手，怕得魚

　　驚不應人。

此詩從心理方面來刻畫小孩子的機警和聰明。有過路的行人前來問路，小孩子怕驚跑了正在吃食上鉤的小魚，便以「遙招手」的動作來代替回答。他的動作說明，小童對路人的問話也並非漠不關心，只是在這微妙時刻，是無法回答的。這篇情景交融、形神兼備的佳作，生動深刻地描寫出兒童以釣魚為戲時的專注和認真。

我國南方地區遍及河、湖、澤、汉，魚類資源異常豐富。先民捕魚為生者，十之二三。相傳有虞氏舜的時期，先民以魚為聖物，是不吃魚的。有一次民眾為爭奪雷澤邊上的土地，釀成氏族間的械鬥。舜就親自出面調解。他沿著雷澤巡視，餓了就帶頭捕魚充饑，很快就平息了當地械鬥，也開拓了食魚的先河。並且發明了用竹簍、竹槍、竹笆籬捕魚的各種技術。

而用綸絲垂釣的方法捕魚，據說是周代姜子牙的發明。但是，他用的簡單的直鉤，等著「自願者上鉤來」。不久，釣鉤得以改良，收益變得越來越多。

宋儒邵雍在其所著的《漁樵問答》一書中，對完美的竿釣漁具作了詳細的闡述：「釣者六物：竿也，線也，浮也，況也，鉤也，餌也。一不具，則魚不可得。」他所說的六物，至今仍是竿釣的基本釣具。此外，小童在水急灘淺的河汊中，用竹簍和竹笆截住從上游游來的魚兒，也會有一定的收穫。

　　小童垂綸釣魚或用竹器截魚的遊戲，都是從成人的捕魚勞動的行為轉化而來的。他們學著成人製作釣具、魚鉤、竹簍、竹笆、魚食捕魚，目地不在食魚，而在於自娛也。

## 37. 釣蝦

　　宋代詩人梅堯臣有一首寫《蝦》的詩：

> 　　自生江海涯，小大形拳曲。宮簾織以鬚，水母憑為目。貴將蔽
> 其私，賤用資不足。於物豈無助，況能參鼎肉。

　　蝦不僅價廉，隨處可覓，而且物美味佳，佐餐侑酒也是絕妙之品。

　　小蝦多生在淺池薄水的湖汊之中，釣蝦十分容易而且多趣。釣蝦的人分為純屬愛好的釣蝦和專業釣蝦。愛好釣蝦是有一定技巧的。因為蝦子不能吞食魚鉤，只能用兩隻大螯把魚鉤或釣線鉗住，去吮嘗和吞食釣餌。每次下鉤的時候，發現蝦子已經上鉤，提鉤時動作一定要慢一些，把釣鉤輕輕拉近水面，在即將

出水的那一刻，提的動作要快一些，就能把小蝦拉了上來。不過，專門釣蝦的人，是不採取這個辦法的。小孩子們在池塘邊兒釣蝦，不是為了吃，而是為的是好玩。

　　如今釣蝦已成了兒童遊樂場的一項遊樂節目。他們用許多塑料製作成的小魚小蝦供兒童釣著玩。在一定的時間內，看誰釣的蝦多。釣多者為勝。有的地方還建有養蝦館供成人釣蝦。經營者在瓷磚砌成的蝦池裏，放養著大大小小的小蝦。釣蝦者一邊喝著飲料談天說地，一邊等候蝦子上鉤，烹而食之，其樂無比也。

## 38. 調猴子

　　在古代，猴子有好多個名子。漢《白虎通》說：「猴，候也。」因為猴子很精明，它怕人設下埋伏、機關想捉它，所以經常憑高四望，善於『候』者也。又因為它平時好抹臉，所以，又叫它「沐猴」。此外，猴子又叫「胡孫」，「狙」和「馬留」等。

　　猴子屬靈長目動物，毛色灰褐，腰部以下橙黃，有光輝，胸腹部和腿部深灰色。性好動，喧嘩玩鬧。李時珍說：「家中養了猴子，人便可以少生病。」而且猴性乖巧，能解人意，古人將猴子視為寵物的大有人在。杜甫家中養猴子，詩曰：

人說南州路，山猿樹樹懸。舉家聞若駭，為寄小如拳。預咻愁
胡面，初調見馬鞭。許求聰慧者，童稚捧應癲。

他家的小孩整天和猴子玩耍，幾乎到了發狂的程度。彼時，社會上則出現
了專調猴戲的藝人。他們可以讓猴子做出穿戲衣、戴紗帽、翻筋斗、騎狗、騎
羊等動作，逗得大人小孩笑之若狂。晉代傅元的《猿猴賦》，把猴戲的諸般妙
處寫得淋漓盡致。直到民國時期，殷實人家養金魚、養鸚鵡、養貓養狗養猴子
的也是屢見不鮮。如圖，富家子弟的小童在花園中與猴子追逐玩鬧，自然也屬
童趣之一。

## 39. 捉蜻蜓

蜻蜓是一種無脊椎動物昆蟲，它的後翅基部比前翅基部稍大，翅脈也稍有
不同。它在不飛而停留在植物的尖處時，四翅展開，平放在身軀兩側，在陽光
的照射之下，顯得分外婀娜多姿，招人喜愛。

宋代詩人楊萬里在《小池》一詩中寫道：

泉眼無聲惜細流，樹陰照水愛晴柔。小荷才露尖尖角，早有蜻
蜓立上頭。

　　范成大則在《四時田園雜興》中也寫有:「梅子金黃杏子肥,麥花雪白菜花稀。日長籬落無人過,惟有蜻蜓蛺蝶飛。」這些讚美蜻蜓的詩句,儼然是一張張精美無聲的圖畫。

　　孩子們都喜歡捉蜻蜓玩,尤其生長在農村的小孩大都有捉蜻蜓的經歷。在下雨前或午後偏晚的時候去捉蜻蜓。因為在這個時間,蜻蜓飛得低,而且是有規律的來回飛行。孩子們都會纏著大人,用竹杆或結實的玉米杆製作一個網兜兒。孩子舉著這個網兜,跑到野地裏,全神貫注地追逐低飛的目標。一但發現有蜻蜓落在一枝稗子草葉切脈上,就小心翼翼地踱步前移,手握網兜把的末端,迅猛地一扣,就能將剛欲起飛的蜻蜓扣入網內。然後,用手將蜻蜓捉出,再用一根棉線拴住蜻蜓,交給弟弟妹妹或其他小朋友玩,任其上下飛翔,煞是有趣。

## 40. 調鸚鵡

　　詞人馮延巳有一首著名的《虞美人》描寫「調鸚鵡」:

　　　　玉鉤鸞柱調鸚鵡,宛轉留春語。雲屏冷落畫堂空,薄晚春寒無
　　奈、落花風。

飼養禽鳥是唐代生活娛樂的重要組成部分，他們不僅於園中散養禽鳥，更對鳥兒進行馴化。唐慧琳的《一切經音義》云：「《說文》謂養鳥獸使服習謂之馴。」經過馴化的禽鳥便可稱「馴禽」。在唐代，「馴禽」主要指鸚鵡，李賢注《後漢書‧南蠻西南夷列傳》有言：「馴禽，鸚鵡也。」當時，來自秦隴、嶺南及域外的各色鸚鵡因羽色絢麗，外形可愛，聰明親人，能學人語，寓意吉祥而成為上至帝王下至平民的寵兒。唐代典籍、筆記、詩詞、繪畫中有大量馴養鸚鵡的文字記錄。此風一直延續到清代末年。滿族人因為有「鐵杆高粱」的依賴，終生好吃懶做、游手好閒。平時，衣來伸手，飯來張口，提籠架鳥，看花遛狗倒成了重要營生。調鳥、調鸚鵡是他們最得意的本事。每日清晨的林間草地、茶樓酒肆都成了在旗的老少爺們鬥鳥、鬥嘴的場合。在這種環境的影響下，八旗子弟們的小少爺們從小也與家中養的鳥兒打交道，在玩耍遊戲中也就學會了調鳥、調鸚鵡。

## 41. 占鼇頭

所謂占鼇頭，是指一種上邊裝有一個木製鼇頭的四輪小拉車。這種玩具在明清兩朝十分流行，平民百姓在集市和廟會中都能買到。如圖所繪，孩子們玩

的時候，大一點的孩子可以在前面拉車，小一點的孩子可以用一隻腳站在木製的鼇頭上，隨車向前滑動。以不從車上滑下來或跌倒，即為勝者，名曰「獨佔鼇頭」。如果從車上跌了下來，就算失敗了，則「名落孫山」。於是，再換別的孩子來玩。

鼇是古代傳說中海裏的一種神龜，馱有三座仙山：蓬萊，方丈，瀛洲。《淮南子‧覽裏》篇中寫道：此龜觸倒天柱、四維絕，把天捅漏了。於是女媧煉五色石以補蒼天，且斷鼇足以立四極。又有傳說，鼇是龍的大兒子，「龍生九子，鼇占頭」，鼇為龍頭，龜身，麒麟尾。故宮三大殿七米多高的三層白石臺基上，刻著龍鳳流雲，四角和望柱下面伸出一千多個用於排水的圓雕鼇頭。明清兩朝只有考上狀元的人可以踏上去。所以，「獨佔鼇頭」就成了讚喻奪得首位或取得狀元第一名的優勝人材的專用語。

清代末年戊戌變法，去消了科舉制度，狀元沒了，這種鼇頭車也就隨之消聲匿跡了。

## 42. 孝悌之樂

「孝悌」是儒家對兒童進行倫理道德教育中的重要項目之一。孔子在《論語》中說：「弟子入則孝，出則弟，謹而信，汎愛眾而親仁；行有餘力，則以學文。」並強調：「其為人也孝悌，而好犯上者鮮矣，不好犯上而好作亂者，

未之有也。君子務本，本立而道生，孝悌也者，其為仁之本與！」孔子教其弟子，以道德修養為先務，在家要孝順父母，在外當尊敬長上，愛護兄弟朋友，謹言慎行，汎愛眾人。有道的君子，要以孝悌為本。孝悌既立，則為仁之道便由此而生。

在儒家傳統思想的影響下，父慈子孝，兄仁弟賢，上為師表、下為楷模，是千古不移的正理。所以在舊式家庭裏，對長門長子要求最甚。長子在弟弟妹妹面前必須以身作則，一舉一動都是對年幼弟妹、子姪的師表。孟懿子向孔子問孝，子曰：「無違」。父母在，事奉殷勤，諸行合乎禮儀。父母不在，則長兄為父，須無改於父之道。繼志述事，方為大孝。五倫中，兄弟一倫至為重要，「孝悌」並稱而為行仁的根本。兄弟相處之道，「友于兄弟」。「兄弟既翕，和樂且耽，宜爾室家，樂爾妻孥」。兄友弟恭，進而方可推及齊家治國之道。

所以，即使在孩提時代的遊玩嬉戲當中，長兄亦不能獨享其樂，要與弟弟妹妹一起玩，一起樂，而且事事要謹恭忍讓，力盡兄長之職責。足見在古代兒童的遊戲之中，也處處體現著：「長幼序，知禮儀」的大道理。

## 43. 請君入甕

　　南方有一種背簍，是用竹子或藤子編織成的竹筐，上大下小，筐口和筐底之間繫有兩個背帶，筐內可以裝物，也可以坐一個小孩。大人背到肩上行走，即輕鬆又方便，人們與背簍結下了不解之緣。在南方農人勞作時離不開此物，砍柴、割草需用「柴禾背簍」，這種簍篾粗肚大，經得起咯碰摔打。農忙時摘苞穀、摘小菜時，則用「桼裹背簍」。這種背簍中腰細，口呈喇叭形，底部呈方形，高過頭頂，像個倒立的大葫蘆，它的容量大，背得東西也多。此外，還有一種木製背簍，用幾根木棒做成能放置物體的架子，外邊用篾絲繫牢，是背山木，送肥豬的好工具。因為此物方便適用，從古至今在城鎮鄉村十分盛行，俗謂「簍不離背，杵不離簍，搬山運水，全憑其助」。

　　南方不少地區在姑娘出嫁的時候，娘家要訂製「洗衣背簍」作為陪嫁，供其過門後勞作之用。這種洗衣背簍小巧玲瓏，篾絲細膩，圖案別致，花紋精妙，是新娘子巧手勤勞的一個招牌。待女兒生了孩子的時候，娘家一定要送一個「子孫背簍」，祝賀親家「子孫興旺，瓜瓞綿連」。這種「子孫背簍」的外型呈長筒形，腰小口大，底座還可以置一小凳，專用來背小孩子用。

　　小孩子們在背簍長大，自然對背簍有一種特殊的倦戀。清刊《江浙兒語》中有《小小背簍歌》唱道：「小小背簍我的窩，阿儂背我過山河。山河那邊有爺娘，爺娘耡地種苗禾。苗禾熟了舂成麵，和麵為我蒸饃饃。」當孩子稍長，不戀背負，自己能走能跑的時候，就不願意坐背簍了。大人或哥哥姐姐要背他回家時，他們就會亂跑。久而久之，這種追逐戲要就變成了一種遊戲。大人們給這種遊戲起了個名字叫「請君入甕」。

## 44. 蹬球

　　據說民國初年，畫家畢加索畫了一張名叫《平衡》的畫。畫上是一個健壯的男子坐在一個大球上，一個身材纖弱的少女立在一個小球上，扭動著身軀在尋找平衡。一經披露，這幅畫在當年產生了巨大的影響。一位德國學者以此發表了一篇論文《平衡健身法律》，在社會中積極推廣，一時間「蹬球」成了青少一項很時尚的健身運動。清季末年，此種玩法傳入中國。新式學校還購進了成批的橡膠氣球和木滾球，體操課裏還開設了蹬球課，教學生們練習蹬球。一時間「踏滾球」之風風靡闉閭。

　　細考此說也並不確切。我國古代很早就發明了球類運動。彼時的「蹴鞠」亦叫「踏鞠」。「蹴」和「踏」都是用腳蹬踢的意思。「鞠」就是球，用皮革縫製，裏面填充毛髮。西漢學者劉向在《別錄》中說：黃帝發明「蹴鞠之戲，以練武士。」傳至民間，風行朝野。如圖所繪，一個大些的小童正欲伸腳蹬球，另一小童在旁喊好助威，一片童趣豁然入目。有《竹枝詞》寫道：

　　　　春風花下小園中，一陣喧嘩震耳聲。小童雙足上鞠球，擔心跌
　　成扣頭蟲。

## 45. 劃洋火

　　大陸一些曾與林彪有所接觸的人，在寫回憶文章時，都說林彪有一怪癖，那就是愛劃洋火。不論是在散步時還是獨自思考時，總是一根接一根地劃著洋火。這大概是他兒時養成的一種習慣。

　　洋火，便是火柴。從火柴盒裏抽出一根，在磷面上輕輕一劃，頓時產生了一撮火焰，可以點燃爐中的煤引生火，也可以隨時點燃香煙，吸食極是方便。

　　中國自上古燧人氏發明了「鑽木取火」後，似乎就中斷了這方面的研究。一直到了宋代，人們發現了火石，才開始用火鐮和火絨，利用擊打的原理取火。此法一直延續到上世紀五十年代，農村的老者仍然在使用。明代則出現了「淬兒」。是用磷和琉璜混合在一起，摩擦後可以出火。多用於廁所，為夜間照亮用。並沒有普及開來。

　　火柴是英國人約翰・沃克在 1827 年發明的。清朝道光年間傳入中國。所老百姓都稱之為「洋火」。「洋火」給人們生活帶來了便利，但是，也使中國的白銀大量流失。孩子們都有著強烈的求知欲和對新鮮事物的迷戀，清末一個時期，兒童們聚在一起，偷拿家中的「洋火」劃著玩。小小的火苗給兒童幼小的心靈帶來一片光明，其中的歡樂和快感怎一個「神奇」二字了得！

## 46. 官捉賊

「官捉賊」是一種很古老的遊戲。玩的小童最少兩三個人或是更多。大家先商議好，由一個孩子先扮演「大官」或叫「捕快」，其他的孩子則扮演「賊」或「小偷」。扮演「賊」或「小偷」的孩子要躲起來，扮演「大官」或「捕快」的就開始行動了。「大官」先找到一個「賊」的目標，就開始進行抓捕。這種抓捕是徒手而不准用械器的。被發現的「賊」就要迅跑或千方百計的躲藏，不讓「大官」抓著。在這個過程中，這個「賊」為了脫身來個「金蟬脫殼」，把別的「賊」的藏身地點暴露出來，以轉移目標，使「大官」去追捕他人。一直不讓「大官」抓到就算「賊」贏！如果「大官」抓住一個「賊」，那就是「大官」贏！只要是一方贏了，「大官」或「賊」的身份就要互換。遊戲便可重新開始。這個遊戲緊張歡快，在孩子群裏流傳甚廣。

到了清光緒十年，總理衙門派遣高級官員前往外國訪問，要求他們撰寫考察報告，俾作為改革的基礎。大臣傅雲龍為始去了日本、美國、秘魯和巴西等四國考查，歸來後寫了《考察記要》，將日本以漢字書寫的「警察」稱謂帶回，並簡介了日本的警察制度。光緒二十六年，北京模仿八國聯軍之制設「善後協巡營」，後來改名「巡警總廳」。從此，正式出現了「警察」這一行，其職責就

是維持地方治安，保護私人財產。「警察」代替了封建時代的大官和捕快，這種稱謂就廣泛地流傳起來。孩子們玩的「官捉賊」的遊戲也就逐漸易名為「警察抓小偷」了。

## 47. 撿桑葚

桑葚又名桑椹子、桑蔗、桑棗等，它是桑樹的果實。桑葚在成熟後，味道十分鮮美，汁水又多又甜，孩子和老年人都喜歡吃。

《二十四孝》中說，漢代有一個叫蔡順的人，他從小對父母就特別孝順。有一年天遭大旱，田禾無收。又逢戰亂，賊盜蜂起，城鄉一遍蕭條，家家貧苦，缺糧少米，無法度日。蔡順與老母也都過著飢寒交迫的日子。有一天蔡順看見村邊有一棵桑樹，落下的葚子又大又甜，他就拾了起來，拿回家去充饑。他想到他母親愛吃甜的，他就把又大又黑的葚子揀了出來放在一塊，另把紅的放一塊，青澀的則放在另一塊。當他正在揀拾桑葚的時候，從他身後來了一夥人。有的拿著刀，有的拿著槍，是一群強盜。有個領頭的走到蔡順跟前問他：你為什麼把葚子分成好幾處？蔡順說：黑的是奉給我娘吃的，紅的是讓我的妻子和孩子吃的，青澀的是留給我自己吃的。強盜頭聽了這一番話，十分敬佩蔡順的孝心。他想：一個農夫都知道孝敬母親，而我這個山大王竟然想不到自己的父

母也在家挨餓受苦，還算是個人嘛！他便毅然決定不當山大王啦，乾脆回家孝敬父母去。說罷，他把手裏的刀丟了出去。這把刀正好扔進了石縫裏，再也撥不出來了。

雖然這是一個寓言故事，但在舊日熟知「二十四孝」的童心裏，也都打上了深深的烙印。每每在秋日，兒童們都到在郊外揀拾桑葚，看誰揀得多，而且誰揀的熟透了的紫葚最多。這不僅是一種小遊戲，而且還一種比孝道的行為。藉以贏得家長和鄰里的誇獎。幼芝先生有《竹枝詞》贊道：

> 小小蒙童拾桑葚，分別青澀與紫黃。紫黃回家孝父母，青綠留得自己嘗。

## 48. 鬧學堂

魯迅先生在回憶兒時在「三味書屋」讀書的時候說：

> 書屋後面也有一個園，雖然小，但在那裏也可以爬上花壇去折臘梅花，在地上或桂花樹上尋蟬蛻。最好的工作是捉了蒼蠅喂螞蟻，靜悄悄地沒有聲音。然而同窗們到園裏的太多，太久，可就不行了，先生在書房裏便大叫起來：——「人都到那裏去了？」人們便一個一個陸續走回去；一同回去，也不行的。他有一條戒尺，但是不常

用，也有罰跪的規矩，但也不常用，普通總不過瞪幾眼，大聲道：「讀書！」於是大家放開喉嚨讀一陣書，真是人聲鼎沸。

對孩子說來，老師都是很嚴厲的。因為老師有「戒尺」，還有「罰跪的規矩」，儘管不常用。「有壓迫就有鬥爭」，只要老師睡著了，或是不在書房的時候，孩子們就抓著機會造起反來。要麼「捉迷藏」，要麼「官捉賊」，要麼「老鷹捉小雞」。膽子大的還會當「老師」，用戒尺和罰跪來教訓學生！老師一旦出現，孩子們便都鳥獸散了。這類故事在文學作品和童稚生活中層出不窮。

《紅樓夢》中，秦可卿的弟弟秦鍾進了賈家學堂。一天，秦鍾與同學香憐，擠眉弄眼遞暗號，假裝出去小便，走至後院說私房話，被同學金榮抓住責問：「有話不明說，許你們這樣鬼鬼祟祟的幹什麼故事？」由此，引發了一場「頑童鬧學堂」事件，秦鍾頭皮都被打破。不少情節還搬上了戲劇舞臺。《春香鬧學》是女孩子在戲弄老師。而《二堂捨子》，則是學堂鬥毆，沉香和秋兒失手，公然將秦府官保打死了，為父母引來殺身之禍。

孩子們聚在一起打鬧起來，因為不知輕重，看似年幼無知、淘氣嬉戲，若失管束，也會鬧出不小的事端。

## 49. 舉荷燈

中元節，舉荷燈、放荷燈，也是舊時兒童們的一件無比歡快的樂事。所謂荷燈，也叫荷花燈、荷葉燈。是用一種油紙和絹紗著色後，製成象荷花、荷葉型的燈籠。花葉中間可以固定一支蠟燭。中元節入夜之時，點將起來，高高舉起，唯見荷葉多姿搖曳，荷花婀娜盛開，雋美異常。及至月上柳稍、繁星入漢，大人和孩子舉著荷燈來到河邊湖畔，將荷燈摘下，一一放入水中，但見萬盞荷花在水上漂浮著順流而下，晃如天上人間、燈火星辰、渾同一色，頗為壯觀。孩子們的身心隨之淌漾，美好的憧憬永記心頭。

相傳此俗興於唐朝，農曆七月十五是道教地官的生辰，他掌管著一切靈魂，在七月十五巡遊人間，赦免亡魂的罪過。彼時，荷花作為道教的聖潔之物，道士須戴著芙蓉冠迎接神仙的到來，再做道場法事。到了宋朝，道教在七月十五的法會中尊崇太乙救苦天尊，以菏花為燈，以水為濟，照見無邊夜府，以解除亡魂苦難。一盞盞美麗的荷花燈帶著火光，在夜晚漂流在水上，給人帶來的靈魂的美感和溝通，充滿自然，深沉的氣氛，如同自己的心願和祝福。詩人崔液有詩云：

　　玉漏銅壺且莫催，鐵關金鎖徹夜開；誰家見月能閒坐，何處聞燈不看來。

## 50. 偷西瓜

西瓜是個好東西，它不僅僅是夏日消暑解渴的水果，還是一種祛病的良藥。據《本草綱目》記載：西瓜又名寒瓜。其皮甘、涼、無毒。主治口舌生瘡、內挫腰痛等症。

據說，西瓜是在漢代張遷從西域（即新疆）地帶帶回來的。漢武帝為之起名為「寒瓜」。因為「寒瓜」稀少，食之甘美，東漢劉禎便有讚美「寒瓜」的詩，誇讚道：「楊暉發藻，九彩雜糅，藍皮蜜裏，素肥丹瓤。」簡直是天降奇珍。到了南宋年間，「寒瓜」的種植開始普及了一些，市面上也出現了售賣「寒瓜」的小販。「寒瓜」也就有了市俗的稱謂，名曰「西瓜」。南宋文人洪皓所著《松漠紀聞續》一書中，第一次出現了「西瓜」一詞。他說：「西瓜形如扁蒲而圓，色極青翠，經歲則變黃。其歠類甜瓜，味甘脆，中有汁，尤冷。」詩人范成大寫有《西瓜園》一詩，贊道：

　　　　碧蔓凌霜臥軟沙，年來處處食西瓜。形模冷洛淡如水，未可葡

　　萄首蓿誇。

作者把西瓜豐收的景象以及人們吃瓜的盛況，全都勾勒了出來。說明彼時農村已出現了許多種瓜專業戶，而且在西瓜已成為一種水果，深受大眾歡迎。孩子們尤其喜食西瓜。大人不給買，熊孩子們就想辦法去「偷」。每當西瓜成熟的季節，農村的孩子們就開始虎視忱忱地算計著在什麼時候下手，對哪一塊瓜田下手，得手後從什麼路線逃跑……等等。孩子們之所以把偷瓜視為一種遊戲。就是不慎被瓜田主人或看瓜人捉到，都是鄉里鄉親、抬頭不見低頭見的，也沒有遭受爆打或從重責罰之慮。就是被告到家長處，父母訓斥一番也就是了。

因之，從古至今熊孩子們合夥偷瓜的行動，大多被視為是淘氣孩子們的一種童趣了。

## 51. 跑竹馬

　　小童將一支竹杆騎在跨下，嘴裏一邊吆喝，一邊跑，直像騎在一匹駿馬上，神氣十足，好不得意。這種兒童遊戲古來有之。唐代詩人李白在《長干行》詩中說：

> 妾髮初覆額，折花門前劇。郎騎竹馬來，繞床弄青梅。同居長
> 干里，兩小無嫌猜。

　　可見兒童騎竹馬，是個很普及的童嬉。到了宋代，竹馬的造形有了很大變化。匠人們用竹竿和竹篾先紮起一個馬型的骨架，外面用紙或布裱糊，再裝上鬃尾，然後畫上馬眼馬嘴，繪成馬型。這種竹馬分為前後兩半，繫在小童的腰部，遠遠看來儼然如騎真馬一樣。一般在農曆正月十五元宵節鬧「社火」時，孩子們紛紛騎著各色的竹馬跑了出來。你追我趕，好不熱鬧。

　　跑竹馬活動的火炎，在民國期間還一度搬上了京劇舞臺。富連成的字員們在《請清兵》一劇中，為了表演善於騎射、梟勇好戰的清兵將士殺進山海關時，滿臺跑起竹馬來。表演進入高潮時，八位馬柱走進臺中央蹲成一個圓圈，八名馬童一個虎跳後，分別站在馬柱上，一腿旁踢成「朝天蹬」，腳掌上放置一個火花筒，一隻手高舉火花筒，點燃後，竹馬和馬柱在臺上穿來穿去。火花四濺，花色繽紛、鑼鼓震天、人聲鼎沸，甚為壯觀。引得臺下觀眾紛紛起立，歡呼雀躍。

## 52. 划船

　　船，是上古時代的一項重大發明，它解決了人和物資過河渡水的重大難題。《尚書·說命》有話云：「若作和羹，爾惟鹽梅。若濟巨川，用汝作舟楫。」舟楫是沿河人民時刻不離的生活工具。

　　船是由原始的渡水浮具逐步演變而來的，從古文獻中可以看到：「以匏濟水」、「始乘桴」、「變乘桴以造舟楫」，說明舟船是從「匏」到「桴」，再由「桴」到「舟」發展和演變而來，到了戰國時期，船才成型。

　　周作人先生在一些散文由談到韶興的小船時，他說：

　　　　船有兩種，普通坐的都是「烏篷船」，白篷的大抵做航船用。烏篷船大的為「四明瓦」，小的為腳划船亦稱小船。船的篷是半圓形的，用竹片編成，中夾竹箬，上塗黑油，在兩扇「定篷」之間放著一扇遮陽，也是半圓的，木做格子，嵌著一片片的小魚鱗，徑約一寸，頗有點透明，略似玻璃而堅韌耐用，這就稱為明瓦。……你坐在船上，應該是遊山的態度，看看四周物色，隨處可見的山，岸旁的烏柏，河邊的紅蓼和白蘋、漁舍，各式各樣的橋，困倦的時候睡在艙中拿出隨筆來看，或者沖一碗清茶喝喝。偏門外的鑒湖一帶，賀家池，壺筋左近，我都是喜歡的。

成年人喜歡小船，住在湖河附近的小童們更喜歡在船上玩。在大人不在身邊，船家也不在船上時，小孩們結幫搭夥將閒置在水邊小船的纜繩打開，跳上船去鬧騰一番。一見船家回來，大家便狼竄豕奔地跳下船去，四散逃遁了。

## 53. 石頭剪子布

「石頭、剪子、布」，至今還是孩子們鬥智鬥勇的一種玩法。玩之前，孩子們要事先約定一種賭輸贏的標的，如果賭實物，是小吃食、糖果、水果、小玩物等。誰贏了，東西歸誰所有。如果賭意象，譬如罰站、罰跪、臉上貼紙條、打屁股等，誰輸了就得承擔帶有屈辱性質的懲罰。玩起來時，則是兩人用手勢的樣子對決。

拳頭代表石頭，中指食指叉開代表剪子，手掌攤開代表是布。比賽時，二人要同時出示手勢，如果一方出拳頭，即是「石頭」，對方把手掌攤開，而代表是「布」。「布」能包裹「石頭」，那麼「布」就贏了「石頭」。如果一方出了「剪子」，另一方出了「布」，「剪子」可以剪「布」，那麼，「剪子」就贏了。如此形成輸贏的判斷規則：即剪子贏布，布贏石頭，石頭贏剪子。就這樣輪流的玩下去，有輸有贏，很是有趣。

　　細考，這種遊戲的起源，源於古代賭酒的猜拳行令。明人所寫《五雜組》一書記載：漢朝在酒桌上行的手勢令，以「手掌代表虎膺、指節為松根、大指為蹲鴟，食指為鉤戟，中指為玉柱，無名指為潛虯，小指為奇兵，腕為三洛，五指為奇峯」。但是，書中並沒寫如何玩法。後來，「手勢令」漸變為猜拳，或「划拳」或「豁拳」、「拇戰」。相傳這一酒桌上的習俗是唐代皇甫松的發明。五代後，逐漸演變為今之划拳。這可能是早期運用「三角克制」法的「石頭剪子布」。再以後，孩子們傚仿成年人遊戲，將「石頭剪子布」化為童戲之中。

## 54. 小轎車

　　舊俗臘月二十三，祭送灶王爺上天，好吃好喝好伺候。為的是請他「上天言好事，回宮降吉祥」。《酉陽雜俎》一書說：

　　　　灶神名隗，狀如美女，又姓張，名單，字子郭。夫人字卿忌，
　　有六女皆名察洽，常以月晦日上天，白人罪狀，大者奪紀，紀三百
　　日，小者奪算，算一百日，故為天帝督使，下為地精。

　　所以，每當他要上天的時候，家家戶戶都要「媚灶」。不僅供以好吃好喝、好酒好菜，還要製作出一頂頂精緻的小轎車，專給灶王上天時乘坐。每當進入

臘月，市上便專有人製作和販賣這種小轎車。價錢也不貴，當家的主婦買回來，先是給小孩「過家家」玩耍。清人葉調元在《漢口竹枝詞》中寫道：

> 曾聽禁漏驚街鼓，慣踏康莊怕小轎。夜半雄聲心尚壯，日中高臥尾還搖。

　　待小孩將小轎車玩膩了，再把轎車供在廚房的灶上，列入「紙幡甲馬」之中。等到了祭灶的時候，就把灶碼兒放在轎上，一併燒毀焚化，算是灶王爺乘轎上天言好事去了。清代文人張朝墉所作《半園癸亥集》一書中，有一首《送灶詩》。寫道：

> 紙幡甲馬列廚東，司命遄行薄醉中；天上去來才七日，凡人無此大神通。

## 55. 拉瞎子

　　拉瞎子，本是淘皮搗蛋的熊孩子拿盲人調笑取樂的壞事情，後來，逐漸演變成孩子們的一種遊戲方式。

　　盲人有先天性的，也有後天因病因傷而造成雙目失明的。因為行動不便，外出多是靠盲杖或別人幫助的。這類殘疾人出外謀生是很不容易的。盲女多以賣唱為生。雙目失明的男人練出一些口才，則以打卦算命為生者居多。現代作家端木蕻良先生有一首嘲「瞎子算命」的打油詩寫道：

瞎子摸象狗騎羊，有眼反比無眼盲。子午卯酉捏指算，流年利
害說黑黃。

這類人外出，有的由一個明目小童引路，背弦牽杆地遊走江湖。也有的盲人算命師單打獨鬥，全憑一根盲杆尋路，手中打著一面小銅鑼，算是算命的幌子。路邊尚不懂禮儀廉恥的皮孩子，想拿盲人開玩笑，就趕上前去做好事，要替盲人引路。盲人沒有防備，就把盲杆的另一頭交給這個壞孩子引路。這個壞孩子故意把盲人牽到水坑或坑凹不平的地方，讓盲人摔倒。然後掉頭就跑，任憑盲人在身後叫罵，反而逗得壞孩子們放聲大笑。一齊喊著：「拉瞎，拉瞎，拉到河裏喂王八。」

後來，這種拿盲人開心的壞事兒，逐漸演變成孩子們的一種遊戲。由一個小童用布巾把雙眼蒙上，手裏拄著一根棍兒假裝瞎子。另外一個小童拉住棍子的一頭，故意把「瞎子」往樹根兒或假山石，或亂草坑兒邊上領。有意讓這個假「瞎子」碰壁或摔倒，逗得觀者狂笑不止。裝「瞎子」或引「瞎子」的小童是輪流坐莊的，大家輪流充任，四周笑聲不絕，直到興盡乃止。

## 56. 打架玩

　　一群小孩子在一起玩，原本親密無間、有說有笑，一派活潑天真。可是，天有不測風雲，一轉眼的工夫，他們突然就翻臉打了起來。時而張三把李四推翻在地，時而李四又把張三壓在身下。彼此你推我攘、拳打腳踢，打急了還會你抓我咬，釀成流血事件。大人干涉起來，竟都是因為玩具輸贏的小事兒，一言不合就爭鬥起來。這是男孩子群中經常發生的暴力事件。

　　在成人的世界裏，打架是一種充滿暴力傾向，且不理智、不符合道德規範的行為。但如果家長用這種觀念界定孩子間的「打架」行為，卻又言過其實。對兒童心理學有所研究的專家們說：孩子在3、4歲這個年齡段，「平行遊戲」最能形容孩子參與社會的程度。他除了自己想要的東西，基本上不會注意其他人的想法。在這個階段，孩子看起來像是打架的行為，通常是為了得到自己喜歡的東西而發生的。「打架」未必總代表孩子生氣或不喜歡，這只是他能夠掌握或使用得最好的一種溝通方式。同時，「打架」也是孩子溝通能力有限和情緒控制能力不足的表現之一。小孩子的攻擊，就是打、踢、抓、咬的本能動作，再加上大吼大叫，這都是他們基因裏遺傳到的攻擊行為而已。

　　俗語說：「狗相咬、易相好」。小孩子幾乎跟小狗一樣，剛打完架，眼淚還未曾擦乾，兩個人又和好如初地玩了起來。一般的說男孩到了五、六歲，就不怎麼為小事打架了。即使有了打架事情發生，在大人的訓斥下，他們都會辯解說：「哪是我們打著玩呢！」

## 57. 推棗磨

　　推棗磨，自古以來是小孩子們很喜歡的一種玩法。玩時先挑選出一枚又大又鮮的紅棗，從中橫向剖開，削去上半個棗的棗肉，使尖尖的棗核朝上露出來。再用三支一般長的竹籤或秫稭杆，鼎足式地插在那個剖開後的棗的下半部棗肉裏，讓它平穩的立在桌子中央。再選出一根半尺來長的細竹籤，一邊插上一枚一樣大小的棗兒，像扁擔擔物一樣的「棗兒挑」。做好後，將「棗兒挑」穩穩地擱置在支好的棗核尖上，調整好重心，保持兩端平衡。然後用手撥動「棗兒挑」，它便旋轉起來。因其形似二人推磨，故名「推棗磨」。

　　揚之水先生解釋周密《武林舊事》所列舉「兒戲之物」中的「輪盤兒」和《秋庭嬰戲圖》中的輪盤兒玩具時，指出小桌上就是「推棗磨」。筆者兒時，在祖母的指導下，跪在炕桌前玩的就是這種「推棗磨」。

## 58. 躓跤

　　躓跤是赤手空拳、憑藉技術和力量把對方摔倒在地的一種技藝。這種運動,可以說是先民賴以生存的一種技能。他們在勞動之餘,不分長幼,相搏嬉戲,既鍛煉了身體,也歡娛了生活。後來,這一運動漸被引入對軍士的訓練,以及比賽和表演的領域中。戰國時期,這項運動稱為角力。《史記》注:「講武以為戲樂相跨,角其材力以相觚鬥,兩兩相當也。」到了秦代,這項運動也頗受皇室提倡。《史記》中便有秦二世在「甘泉宮作樂,角觚徘優之戲」的記載。其時,這項運動就稱為「角觚」。

　　目前所發現的古代繪畫中,如敦煌莫高窟壁畫、湖北出土的漢代漆畫,都有這一運動的具體描畫。參與運動的人,全身幾乎赤裸,唯有襠下繫有一條「犢鼻裙」的丁字大布。其狀與今日的日本相撲無異。《角力記》中記錄了宋代一首《題牆上相撲畫》詩:

　　　　黑漢勾卻白漢頸,白人捉住黑人腰,如人要辨輸贏者,直須牆
　　隤始一跤。

因為這項運動互博性、可觀性和趣味性都很強，當年，民間婦女都練起了相撲，她們的打扮比男人更徹底，索性全赤裸地擁抱相搏。宋嘉祐年間元宵節，仁宗召令民間藝人入宮獻藝。婦人裸體躓跤的節目赫然登場。把皇帝和內眷們看得不亦樂乎。唯有司馬光看不下去了，向皇帝上了一道《請停裸體婦人相撲為戲》的本章。迄今猶存於《司馬溫公集》之內。

婦女如是，慣跤對兒童的影響更大。尤其，男孩子進入陰毛生長期時，會向公雞一樣，爭強好勝的衝動力特別強烈。動不動就互相摔跤以博輸贏。但是，往往以打架鬥毆而終。

## 59. 戲蛙

宋代大詩人陸游有一首詩，描寫每到夏日，自家門前的稻地裏蛙聲一片，沒日沒夜的蛙鳴，常常攪得他不能安睡。

湖山勝處放翁家，槐樹陰中野徑斜。水滿有時觀下鷺，草深無處不鳴蛙。

這首詩原題為《幽居初夏》，見自《放翁詩集》。

人類食用蛙的歷史很悠久。在先民傍水而棲，以魚蝦為食的階段，就開始食蛙了。《周禮》有文字記提到「蟈」字，鄭玄注稱：「蟈，即蛤蟆。今之御所良之蛙。」也就是說，在漢代皇宮中，就有炒食蛤蟆這道菜了，而且，其味鮮美，被列入御膳之中。而平民百姓普遍食蛙的記載，則見自宋代的一些書籍中，均稱「江浙人喜食田雞。」田雞，即是長在稻田中的蛙類。

既然有人愛吃田雞，那麼，專職捕蛙為業的這一行人就出現了。他們捕捉青蛙，剝皮成串，送入市場，藉以換得錢鈔。然而，青蛙是益蟲，它生於田間，不傷五穀，啖食蚊蠅，護衛稻穀，歷有「護谷蟲」之稱。因此，歷代官方都屢屢行文，禁止捕食青蛙。但是，此禁禁而難止，地方上也沒有什麼好辦法。

兒童們不識個中利害，加之長輩不加指導，他們就經常撲蛙為戲。將捕到青蛙的後腿用繩子拴住，驅其蹦跳取樂。其實，這是一種虐殺生靈的事情，對兒童的性格成長有百害而無一利。

## 60. 打電話

　　1796 年，電話發明了，發明人給它起了個名字叫「德律風」（Telephone），而「電話」一詞，則是日本創造的漢語詞。1876 年（光緒二年），寧波海關官員李圭奉朝廷之命前往美國，參加在費城舉辦的「萬國博覽會」，他見到了能傳話的電話機十分驚奇，遂寫入他所著的《環遊地球新錄》一書，李圭是目前有史料可查的第一個見到電話的中國人。歸來，他建議大清朝要開辦中國自己的郵政，並得到了李鴻章的贊許。隨後，受命撰寫了《譯擬郵政局寄信條規》。從此，邁出了中國電話史的第一步。

　　有幸使用電話的第一個中國人，是大清朝第一任駐英公使郭嵩燾。1877 年 10 月 16 日，郭嵩燾在訪問英國倫敦電力廠時，主人特意請他體驗從美國傳入不久的電話，電話一端裝在樓上，一端裝在樓下，郭嵩燾讓隨從中國使館翻譯官張德彝到樓下去接聽，自己在樓上撥通電話。

　　1882 年，大北電報公司正式在上海外灘引進了電話，並在公共租界和法租界架設電線杆，裝設了電話 25 門進行商業運作。每戶話機年租費 150 元大洋。此外還在外灘裝了一部公用電話。供市民付資試用。上海人喜爭風氣之先，市民排隊爭著試聽試用，反響熱烈，使電話得以迅速普及。起先的電活用戶都是租界裏的洋人。第一個華人家庭安裝電話的則是無錫巨賈榮德生，他為了方便梅園與上海的業務聯繫，就當了食蟹之祖。

　　進入光緒末年，上海、北京的豪門貴戚、縉紳巨商的家庭也開始用上了電話。把電話當成時髦玩具的自然也是這些大戶人家的子弟。以上這幀煙畫是日本村井兄弟株式會社在 1898 年的出品，記錄了富家子弟在家中玩電話的真實情景。

# 61. 牧牛

　　牧牛是一種勞動，在農村則是一個由農家兒童從事的專門行當。牧牛並不需要技術和氣力，主要是讓耕地的牛休息，吃好、飲好，洗刷身體，恢復體力。這種活兒多落在窮人家的孩子身上。農人在役牛完畢，將一隻或數隻牛交給牧童，由他趕到草坡處放養，或是牽到池塘中洗浴，使其休養生息，便於翌日的驅使。農家兒童從小與牛打交道，熟悉牛的習性，一邊玩耍一邊放牛，只要不把牛丟失，就算盡職盡力了。唐代詩人盧肇有《牧童》詩寫道：

　　　　誰人得似牧童心，牛上橫眠秋聽深。時復往來吹一曲，何愁南
　　北不知音。

　　詩人雷振也有《村晚》詩吟詠牧童之樂：

　　　　草滿池塘水滿陂，山銜落日浸寒漪。牧童歸去橫牛背，短笛無
　　腔信口吹。

　　詩人筆下的牧童騎牛吹笛，樂趣無窮，幾同玩樂。但是，吃過這份苦的人，是抹不掉個中的辛酸苦辣。明朝的開國皇帝朱元璋從小就給別人放牛。他當了皇帝之後，仍念念不忘此事。他在《文集》中講：「朕昔微寒，生者為饑食所苦，死者急無陰宅之難。噫，艱哉。」

## 62. 養金魚

　　「天棚、魚缸、石榴樹，先生、肥狗、胖丫頭。」這是清代留傳的一句俗語，用來形容老北京四合院人家的生活情景的。所謂金魚缸是指四合院裏常年擺放的魚缸、魚盆。這些魚缸裏常年飼養著各色金魚，伴以荷花、睡蓮、河柳、水草等植物。寓意家中年年有餘，日進斗金。

　　金魚是鯉科魚類，它是由野生紅色或黃色鯽魚演化而來。遠在晉朝就有調養「赤鱗魚」一說，這是以金魚為寵物的最早的文字記載。迄今已有 1700 多年歷史。金魚的體態優美、品種繁多，體色有紅、黃、藍、紫、黑、白、雙色、三色、五花色等，其體形有獅頭、高頭、水泡、龍晴、絨球、琉金、蝶尾、虎頭等等。真是人見人愛的天生尤物。

　　民國知名作家周瘦鵑從小就愛金魚。在他原先居住的蘇州故居的園子裏，養著大大小小十幾缸各色的金魚。他每次放學回家後，第一件事就是去看金魚，餵金魚。他給每條金魚都起了名字，對它們的來源、特點和性情、愛好都能倒背如流、如數家珍。在日寇侵華期間，周先生不得不背井離鄉，避難皖南山村，但他依然日夜顧戀著故園裏的金魚，並為它們寫了很多金魚詩。待到

戰後，他回到蘇州故園時，見到滿園荒蕪、花木凋零，幾百尾曾是活蹦亂跳的金魚，早已蕩然無存。周瘦鵑望缸興歎，悲慟不已，含淚寫下一首著名的《弔金魚》詩：

> 書劍飄零付劫灰，池魚殃及亦堪哀！他年稗史傳奇節，五百文鱗殉國來。

## 63. 推鐵環

　　鐵環，亦稱乾坤圈，是一種傚仿《西遊記》哪吒手中的乾坤環而作成的玩具。鐵環由兩部分組成，一是鐵皮構成的圓圈，一是推動鐵環前進的長柄。鐵環的製作很簡單，只要用粗鐵絲彎曲成一個桶口大小的圈即可。另外，要做一個用一根一米來長尖端拗彎成鉤子的鐵絲做柄。

　　孩子們玩的時候，右手持著長柄，將其搭上鐵環，用手操動長柄，隨著腳下的跑動，使鐵環快速地向前滾動起來。滾鐵環的關鍵之在於掌握好平衡，否則鐵環會「哐啷」一聲，跌倒在地。在玩的實踐中，孩子們可以鍛練平衡技巧和奔跑的速度。

　　這種遊戲出現得比較晚，大祗出現在清代末年。據民國初期出版的《兒童體育》說：推鐵環的遊戲是發明者是從《說岳全傳》中的《挑滑車》故事得到的啟發。書中說：金兀朮五路進兵，困高宗於牛頭山。但因岳飛勤王軍至，無法上山。副元帥哈鐵龍遂製造鐵滑車，設下埋伏。岳飛帳下猛將高寵在衝營時，哈鐵龍推出鐵滑車，衝向高寵，高寵奮力連挑十一輛鐵滑車，但終因戰馬乏力倒地，高寵竟被第十二輛鐵滑車碾壓而死。

　　發明者將這個鐵環比擬成宋時的「鐵滑車」，推起這種「鐵滑車」可以橫衝直撞、威力無比。這也是推鐵環的小童藉以撐能顯威的驕傲。玩得好的孩子，不僅可以用鐵鉤控製鐵圈的方向，直走、轉彎，還能用鐵鉤在鐵圈底部猛一發力，讓鐵圈跳出去，又能返回來。用推鐵圈進行比賽，原則是誰推著鐵圈跑得最快最遠就算誰贏。民國初年，不少小學還把推鐵圈列入了體育課的科目之中。進入上世紀五十年代，這種遊戲才漸漸衰落。

## 64. 齋泥模

　　所謂泥模，指的就是民間製作的各種泥玩具。我國泥玩具早在新石器時代就出現了。如考古學家在浙江河姆渡文化遺址出土了陶豬、陶羊，河南新鄭裴李崗文化遺址出土的古陶井及泥豬，這都是人類早期手工捏製的泥塑工藝品，也是早期的兒童玩具。

　　兩漢以後，隨著道教的興起和佛教的傳入，以及多神化的奉祀活動，社會上的道觀、佛寺、廟堂興起，直接促進了泥塑藝術的發展。到了唐代，被譽為雕塑聖手的楊惠之就是一位傑出的代表。他與吳道子同師張僧繇，道子學成，惠之不甘落後，毅然焚毀筆硯，奮發攻塑，終成名家。為當世人稱讚：「道子畫，惠之塑，奪得僧繇神筆路」。到了宋代，不但宗教題材的大型佛像繼續繁榮，小型泥塑玩具也發展起來，如東京的泥玩具「磨喝樂」、「兔兒爺」、「福娃娃」、「泥狗狗」、「大公雞」、「泥哨子」等等，都成了兒童們喜歡的「愛巴物」。據古籍所載：這些玩具在集市和廟會上均有出售。尤其在每年的春節、端午、七月七日賣得更歡。習久成俗，歷經元、明、清、民國，泥塑玩具在社會上仍然流傳不衰，幾乎全國各地都有生產，其中，著名的產地有無錫惠山、天津「泥人張」、陝西鳳翔、河北白溝、山東高密、河南浚縣、淮陽，都是有名的泥玩具生產地。

　　舊日，成人們都有祭拜偶像之風，進廟則拜神佛，入祠則拜祖宗，平日家中也供奉觀士音菩薩、武財神關雲長，「福、祿、壽」三星必備，每逢過節，朝夕齋奉，以求諸神保佑、家宅平安。在大人的影響之下，小童也依樣傚仿。將拜泥偶、齋泥偶納入遊戲之中，與這些泥玩具一起過起家家來了。

## 65. 打小鼓吹喇叭

　　鼓和喇叭在擊打和吹奏時，都能發出異樣的響聲，可以在瞬間引起人的注意和激情。所以孩子們都喜歡打小鼓、吹喇叭。

　　鼓的發明很早，《禮記·明堂位》中記載：「伊耆氏」之時就已經有了「土鼓」。這種鼓是陶土製作的。因為有著良好的共鳴，聲音激越而且傳聲很遠，所以，大多用於戰爭之中，擊鼓為士卒助威之用，名為「汾鼓」。

　　後來，鼓身逐步改為木製，中空，兩面蒙以牛皮，根據不同場合，如：廟堂祭祀、宮廷宴集、戰爭、舞蹈、儀仗、社火、說唱的需要，均可配合使用。鼓身鼓型有著大小不同的變化，因之鼓亦根據不同的使用需要，也就有著不同的名稱了。

　　喇叭，古稱為觱，讀音 bì。其形如自然界盛開的喇叭花，花頭大張，花身逐漸變窄。喇叭尾部接有用竹管做成的管身和用蘆葦做成的管嘴，故喇叭亦叫「觱栗」。用嘴吹奏時，可以發出很大的聲音，聲可傳至很遠。竹管上若打出笛孔，用手撫之，可以吹奏出不同節奏的聲音，形成樂曲。喇叭若分出型制大小和不同的用途，可以用於軍隊、儀仗、社火、演出、奏樂種種。兒童們當做

玩具,玩的是小型的鼓和小喇叭,儘管初學尚無腔調,但可以鍛煉孩子的反應能力,讓孩子們在遊戲之中,逐漸熟悉音樂節奏與彼此之間的合作,培養他們更能專注於學習和對外物的反應。《傳統民間歌曲集》中有兒歌一首唱道:

你吹喇叭我敲鼓,前邊有隻大老虎。老虎不吃人,來敲我的門。

愛聽喇叭響,愛看敲鼓人。漁陽歌一曲,羞死曹阿瞞!

## 66. 拉小輪船

　　第一次鴉片戰爭之前,清廷執行著閉關鎖國的政策,強行海禁。使明代先進的造船技術逐漸消失,當初能製造鄭和下西洋的艨艟巨艦的技能全無,以致連製造小船的圖紙都找不到了。

　　1840 年,即道光二十年,第一次鴉片戰爭爆發,以英國為首的諸列強以船堅炮利贏得了勝利,最後清朝戰敗、簽訂了喪權辱國的《南京條約》,迫使清政府打開閉關鎖國的大門。我國的有志之士開始了「師洋之技,富國強兵」的革新行動。政府亦大宗撥款,建鋼廠、武器廠、修鐵路、通電報以壯國力。在向西人購買船艦的同時,自己也開始製造輪船。在第二次鴉片戰爭之前,

我國自製的小火輪已經下水，在長江流域為商業運輸開始奔忙。詩人金武祥有《詠火輪船》詩：

峨峨千里馬，西洋稱巨舸。非車乃用輪，涉水翻利火。煙起聲隆隆，兩旁迅轉輠。上有機如衡，時朻欹時墮。激浪拖餘波，飛行仍貼妥。潯陽達揚子，為期一日可。

小火輪的功能與輪船、軍艦無法相比擬。小火輪本身並不具備載客功能，只能提供動力助航，它必須並排綁上一艘二層木製客船，才能載客運營。旅客上船後，一律到木製客船的上層或到配有長板凳的船艙休息。但小火輪終日忙碌在內河航道之中，穿州過府，影響十分巨大。此時，一些玩具商對舊日拖拉玩具，如小拉車、小轎車、鼇頭車、地滾燈等外型加以改造，製作出帶四個小輪子的小火車、小火輪車等時髦的小拉車。上市之後，孩子們覺得新奇，爭相購買。拉將起來，自覺新穎，驕傲無比。

## 67. 拍皮球

皮球，古代稱為「鞠」。「鞠」的發明起源於宋代。「鞠」的外皮用皮革做成，球內用棉、毛纖維塞緊，具有一定的彈性。蹴鞠，就是用足去踢球。是古代人們喜愛的一種遊戲。宋徽宗趙佶對蹴鞠運動甚是提倡，他曾作《宮詞》歌詠蹴鞠。寫道：

> 韶光婉媚屬清明，敞宴斯辰到穆清。近密被宣爭蹴鞠，兩朋庭際角輸贏。

陸游更有一首描寫民間百姓踢足球比賽的歡樂場景：

> 少年騎馬入咸陽，鶻似身輕蝶似狂；蹴鞠場邊萬人看，秋韆旗下一春忙。風光流轉渾如昨，志氣低摧只自傷。日永東齋淡無事，閉門掃地獨焚香。

成人們踢球的激烈比賽，對孩子們說來是望塵莫及的事情。他們用腳踢不遠，乾脆用手來拍球。儘管彼時「鞠」的彈性不佳，但也是拍皮球遊戲的主要道具了。

1736 年，法國人 C. 孔達米納參加了法國科學院組織的赴南美考察隊，他在叢林中發現了一種橡膠樹，樹皮的裂縫中能流出白色的膠乳。膠乳固化後，就成為有很強彈性的物質。於是，他把這種膠樣寄回了巴黎，便引起了歐洲科學家們的廣泛關注。隨著橡膠工業的發展，用橡膠製做的皮球，彈性出奇的好。最終成為了專為小童玩的皮球玩具。我國小朋友開始玩橡膠製成的皮球，已是晚清宣統年間的事了。

## 68. 跳獅子

跳獅子亦稱舞獅，它是中國獨有的民間遊藝，一向被認為是驅邪避害的吉祥舞蹈。每逢重大節慶或有重大的集會，必有舞獅前來助興。平時，獅子的道具放在獅子會頭家師傅家裏，出獅前，頭家會召集會舞獅的後生一起商量舞獅的方案。然後對入庫的獅子進行翻修清洗，重新紮染彩色的鬃毛，使獅子精神十足，充滿活力。全部弄好後，上香、吃酒、拜廟，然後開始到應邀之所舞獅。

一般舞獅子，是一個由六個人組成。四個人舞獅子，兩人一組，累了換人。三個人敲鑼打鼓，其中一人負責打大銅鑼，一個打小鐃，一個敲鼓。還有一個人還負責唱歌。唱的都是一些祝福的話。操辦者和觀眾喜歡，就會多給彩頭和紅包。舞獅子的在大家的圍觀和吆喝聲中，使出渾身解數，舞出很多高難動作，就地打滾，空翻，翻山，過水，走梅花樁，對山歌，火爆異常。

舞獅子的發明甚早，相傳在北魏武帝遠征甘肅河西時，俘虜胡人十萬。魏武帝令胡人獻舞娛樂。胡人以木雕獸頭，披獸衣，集八大音樂，武士三十餘人，起舞於御前。武帝龍心大悅，賜名「北魏瑞獅」，恩准俘虜回國。自此，舞獅便在流傳開來。到了唐代，舞獅亦盛。白居易有《西涼伎》詩云：

假面胡人假獅子，刻木為頭絲作尾。金鍍眼睛銀貼齒，奮迅毛衣擺雙耳。

舞獅需有幼功，必須從小在師傅的指導下學習，長大舞獅方能隨心所欲。兒童羨慕舞獅，多從市場上買來用紙漿糊的小獅頭帶在頭上，與夥伴互舞玩耍，也是一大樂趣。

## 69. 跳繩

跳繩，是一人或幾個人在一根環擺的繩子，有節奏地做出各種跳躍動作。這種運動就叫跳繩遊戲。

這種遊戲的起源亦很早。唐朝時，稱其為「透索」。宋代改稱為「跳索」，明代稱「跳百索」、「跳白索」、「跳馬索」等等。例如《金瓶梅》一書中，就有潘金蓮、宋玉樓在花園跳百索的描寫。清代稱這種遊戲為「繩飛」，直到清末才始稱為「跳繩」。《帝京景物略》說：「元夕，二童子引索略地，如白光輪。一童子跳光中，曰跳白索。」《燕臺口號一百首》中記載了一首跳繩的詩：

輪跳百索鬧城，元夕燒香柏作薪。絡索連環聲響應，太平鼓打送年人。

這種古老的民俗娛樂活動，在兒童遊戲中最為普及。到了民國初年，跳繩還被列入中小學生必修的體育項目。

跳繩的玩法很多，單人跳時，雙手擺繩，可做前擺跳、後擺跳、雙手交叉擺繩跳，也可帶人跳、蹲跳、跑步快跳等。多人跳時，一般由兩人擺繩，也可將繩一端繫樹上由一人擺繩，其他人跳，跳法多種多樣，邊跳邊唱：

繩子掄得團團轉，妹妹進來跳跳看。一二三四五六七，跳得過的盡你玩。一二三四五六七，跳不過的就要換。

跳繩遊戲深為兒童喜玩樂見，百玩不厭。

## 70. 放洋槍

最近有人研究，我國南宋時期有一個叫陳規的人發明了槍，時間是公元1132，可稱為現代管形火器的鼻祖。這種槍用巨竹做槍筒，內裝黑火藥、瓷片、碎鐵、石子等發射，稱為「子窠」，但與現代霰彈槍並無任何關聯。

正式的火槍應該是在 1714 年，英國皇家軍械局研製發明的。俗稱為「鳥銃」，或「褐筒」。放槍時，從後膛填裝發射子彈。瞄準後，在百步之遙可以百發百中，成為一種無可敵擋的殺傷性武器。

太平天國起義造反之際，洪楊率領的長毛兵勇殺得清軍連連大敗，在兩廣、兩湖等地獲得不斷的勝利，並於 1853 年佔領金陵，定都於此。清蘇松道道尹吳熙出面運作，由上海富商楊坊出資，聯絡美國人華飛烈將洋槍引進中國，並募集了百人組成洋槍隊，參與了鎮壓太平天國的戰爭。是年 7 月，洋槍隊配合清軍參將李恒嵩部隊進攻青浦，因武器先進，太平天國的軍隊僅憑大刀長矛等冷兵器是無法敵擋的，連戰連勝，被譽為戰無不勝的「常勝軍」。從此，洋槍利害的聲威遠布遐邇。

清光緒年間，市場上就有小販仿製洋槍的樣子，製作出多種木製的小洋槍。大人們將之購回，做為時髦的玩具供男孩子們玩耍。愛新覺羅·溥傑在《回憶錄》中就記有他年幼時，在御花園中與弟弟妹妹們一起玩小洋槍的往事。

## 71. 捉麻雀

麻雀是一種隨處可見的小型鳥類，因為它們的上體長著棕黑色有斑點的羽毛，所以俗稱麻雀。麻雀體小身微，古人多憐之。唐李白有詩云：

啾啾空城雀，身計何戚促。本與鷦鷯群，不隨鳳凰族。提攜四黃口，飲乳未嘗足。食君糠秕餘，嘗恐烏鳶逐。恥涉太行險，羞營覆車粟。天命有定端，守分絕所欲。

　　麻雀喜食穀物，在農村秋季最為活躍。喜歡捕鳥的孩子們，大多聚在一起，準備一個籃子或竹篦，用一根木棍支撐住它的一端，然後在木棍上綁一根長繩，再在籃子或竹篦下面放一些穀物來引誘麻雀來食。孩子們拿著長繩的另一端在一個隱蔽之處躲藏起來。當麻雀從樹上飛下來吃食物的時候，孩子們猛然扯動繩子，使木棍偏倒，籃子或竹篦倒下來，麻雀就被扣在下面。孩子們將活捉了的麻雀用一根小繩拴住它的腳，架在一根木棍上趣之玩耍。

　　這只可憐的小麻雀身雖微末、性情剛烈，一但成了「俘虜」，要飛飛不了，任人擺佈，又不甘心，對孩子們的悔辱玩弄進行強烈的反抗。如是，拒飲拒食，幾番掙扎，不到半天的工夫，小麻雀就「懸樑自盡」了。有識的家長多不讓孩子們捕麻雀玩，麻雀雖小，也是生靈，不准隨意虐殺。捕麻雀玩是種不良遊戲，從來無人提倡。

## 72. 放花筒

　　過節時放花筒，花筒是從炮仗進化而來的。古代所謂放炮仗，實際上是放「放爆竹」。在火藥還未發明時，人們為了驅魔，鬧出動靜，把魔嚇走。就用

火點著竹子，發出爆裂聲。所以，放炮仗亦稱放爆竹。唐朝宰相張說在《岳州守歲》裏有句云：「桃枝堪辟惡，竹爆好驚眠。」南宋范成大也有一首《爆竹行》詩云：

> 食殘豆粥掃罷塵，截筒五尺煨以薪。節間漢流火力透，健僕取
> 將乃疾走。兒童卻立避其鋒，當階擊地雷霆吼。

火藥問世後，煉丹家將硝石、硫磺和木炭混在一起，經過一系列化學反應，就能發生巨大的爆炸聲，火燒竹子這傳統辦法被淘汰了。北宋時，民間老百姓就開始把火藥依不同配方，摻入各種易燃的金屬，嚴嚴實實地包在紙裏卷成花筒，點火之後，就會射出五花八門、色彩斑爛的煙花。諸如齊火、飛天鼠、穿天龍、黃金雨、天女散花等等，在夜空中盡顯輝煌。孩子們最愛燃放的這些花筒，它會給孩子們帶來夢幻般好希冀和暇想。時人有詩形容放花筒：

> 火樹銀花合，星橋鐵鎖開，暗塵隨馬去，明月逐人來。

## 73. 射箭

據考古人員發現，遠在舊石器時代晚期，我國先民就開始使用弓箭了。最早的箭很簡單，是用一根樹棍或竹竿做成弓，再截成一定長度的箭杆，在一

端削尖就是箭。內這種簡單的武器去獵殺野獸。到了石器時代,先民已把石片、骨頭或貝殼磨製成尖利的形狀,安裝在箭杆一端,這就製成了有石鏃、骨鏃或貝鏃的箭了。弓箭的作用最早用於狩獵,進而用於部族間的械鬥和戰爭。進入春秋戰國以後,配以銅鏃、鐵鏃的弓箭,更有了強大的殺傷力,已經成為各國戰鬥部隊的重要武器。《宋史‧兵志》載:慶曆四年(1044),宋廷「賜鄜延路總管風羽子弩箭三十萬」,可見,在古代的大小戰爭中,弓箭都發揮著決定勝負、爭城奪池的巨大作用。唐王李世民有《帝京篇十首》,描寫了弓箭的威力:

> 雕弓寫明月,駿馬疑流電。驚雁落虛弦,啼猿悲急箭。

滿族人入主中原,奪得漢室江山,全憑努爾哈赤麾下的八旗兵丁,人不離鞍、箭不離身的尚武精神。大清皇帝立國之後年年閱兵、不斷秋狩,都體現了對刀馬弓箭的重視。八旗子弟從小練武,騎馬射箭,人人驍勇,個個善戰。奈何江山坐穩之後,刀槍入庫、馬放南山,武功逐漸廢弛,彎弓射箭、百發百中的工夫已是昨日黃花。弓箭已淪落為舞臺上的道具和兒童們的玩物。正如上圖所繪,孩子們用小弓小箭欲學「百步穿楊」,只不過是一種遊戲了!

清末畫家孫蘭蓀有《竹枝詞》刊於《圖畫日報》:

> 歷朝武備尚弓箭,百步穿楊將技練。近來火器日精明,硬弩強弓藏不見。只有彈弓世尚珍,製成猶可賣與人。只為彈丸脫手如槍子,既堪打獵又防身。

## 74. 翻筋斗

　　翻筋斗亦作翻跟頭，是指是一個人在地上身體旋轉一圈，頭朝下，雙手著地，雙腳越過頭部。翻筋斗可以往前翻、往後翻、或是側面翻，也可以在空中或地面旋轉。但是，當中都會有頭下腳上的瞬間動作。若是跳躍在空中旋轉，落地後要恢復站立姿勢。若是在地面上的旋轉，也可以稱為滾翻。因此有側手翻，前手翻，後手翻，前空翻，後空翻等各種名目。

　　翻筋頭起於何時？是誰發明的？無考是不奇怪的。小孩子生下來就愛動，從小在床上、地上打滾，稍長後就要翻筋斗。他們若在成人的鼓勵和指導之下，腰肢靈活，動作敏捷，便會翻出許多花樣，成為一種自娛自樂的遊戲，或健體強身的運動了。也有研究者認為，翻筋頭是古代的「部落王」為馴練勇士，勇敢健壯，身體靈活的一種方法。筋斗翻得好，便是一種技藝。古代出土的陶俑和漢代畫像磚上，都保留有古代雜技藝人表演翻筋頭的形象。

　　男孩子們聚在一起翻筋頭玩，看誰翻得好，看誰翻得快，乃是一種童趣。時人有《童謠》唱道：

　　小頑童、樂無窮，翻筋斗，比誰靈。翻得好，孫悟空。出神入
畫水簾洞，群猴當中我稱雄。翻不好，豬無能。小命差點喂了妖精！

## 75. 餵雛雞

　　舊日，城市中常見賣雛雞的一行小販，他們挑著一對象籠笹一樣的大筐，
筐頂繃罩著一塊白布，白布下籠著一筐小雛雞兒。小雞嘰嘰喳喳地叫做一團，
好不熱鬧。小販挑著它們走街串巷吆喝叫賣：「小油雞唻……，十個大子兒買
倆隻，要快來挑哇……」不一會兒，大人小孩就圍了上來。小販摺下挑子，把
籠上的白苫布一掀開，一堆活蹦亂跳的小雛雞兒可就撒起歡兒來，黃色的絨毛
在陽光的照耀下閃著金光，分外精神可愛。出於喜愛小生命的天性，孩子們趴
在籠邊看得發呆。大人們把小雞托在手心上，也愛不釋手。這時，在小販的攛
促下，大人孩子就你一隻我兩隻地挑了起來。拿回家中飼養，不僅給生活增添
生趣，也是給孩子們買了件鮮活的玩具。

　　在《中國傳統歌謠》一書中，編有兒歌《嘎嘎蛋兒》一首，就是昔日兒童
養小油雞時唱的歌：

小油雞兒，嘎嘎蛋兒，一心要吃黃瓜菜兒；黃瓜留種兒，要吃
油餅兒；油餅兒噴噴香，要吃片兒湯；片兒湯不爛，要吃雞蛋；雞
蛋攤黃兒，要吃牛腸兒……。

## 76. 轉團圓

　　轉團圓是孩子聚在一塊一起玩的遊戲。他們手拉手形成一個圓圈，唱著兒
歌，有節奏的轉了起來。表現出團結友好，歡樂活潑的天真場面。

　　從探源的角度來看，轉團圓是一種舞蹈的始祖。古代先民在慶祝狩獵成
功和採摘豐收的時候，部族的成年男女會在場院中點燃燻火，在頭人的率領
下手牽手，拉成一個圓圈，跳起舞來。配以唱歌轉起團圓，以示祝賀。這種
轉團圓的舞蹈，在我國青海出土的新石器時代前期陶器——「舞蹈紋彩陶盆」
上所的畫圖案，便是一件生動的佐證。當先民進入夏商時期，表示各種內容
和情緒的舞蹈藝術逐步地形成了，為豐富人類的文化生活，展示出多彩多姿
的妙韻心聲。

## 77. 採蓮

漢樂府有《江南》一詩，寫道：

　　　　江南可採蓮，蓮葉何田田。魚戲蓮葉間。魚戲蓮葉東，魚戲蓮

　　　葉西，魚戲蓮葉南，魚戲蓮葉北。

生動地描繪了江南荷塘裏蓮葉茂盛，花開嬌豔，魚兒活潑，反襯出採蓮人歡快的心情。在蓮藕成熟時，乘小舟採蓮並非都是成年男女獨專的勞動，很多少年兒童都參與其間。正如詩人劉方平《採蓮曲》所說：

　　　　落日晴江裏，荊歌豔楚腰。採蓮從小慣，十五即乘潮。

這些孩子愛玩耍，在水上弄舟，在花叢中採蓮，花映人影、人襯花香，出神入畫，人在畫中。他們不將採蓮視為勞動，而是視為一種歡快的遊戲。亦如「魚戲蓮葉間」，時戲蓮葉東，時戲蓮葉西，時戲蓮葉南，時戲蓮葉北。」近人韋瀚章有《兒童採蓮謠》：

　　　　夕陽斜，晚風飄，大家來唱採蓮謠。紅花豔，白花嬌，撲面清

　　　香暑氣消。你划槳，我撐篙，欸乃一生過小橋。船行快，歌聲高，

　　　採得蓮花樂陶陶。

## 78. 採菱

　　菱角是江南獨有的一種水生植物、古代名「菱」。夏天菱的葉子如蓮葉一樣漂浮水面，碧綠晶瑩，其角棱峭，故謂之菱。葉下生有果實，兩掖生角，秋日成熟，俗呼為菱角。清新可食，亦可風乾後磨成粉食之。因菱生湖澤，採菱時要涉水採之。採菱人需坐木盆之內，浮於水面，左右採菱，方能得心應手。

　　採菱多為女性勞作，她們在船搖水蕩，風光如畫的一池凝碧，間以玲瓏婉轉歌聲，為世人留下了無數優美的詩篇。古有《採菱歌》唱道：

　　　　相攜及嘉月，採菱度北渚。微風吹棹歌，日暮相容與。采采不
　　能歸，望望方延佇。倘逢遺佩人，預以心相許。

　　採菱的時候是異常快樂的，勞動強度也不大，所以小孩子們也都願意積極參與其間，大家聚在一起採菱充滿趣味。其場別有一種婉曼柔美、舒緩悠揚的風情。

## 79. 演戲

一群孩子聚在庭院中，分別扮演某一齣戲中的生、旦、大面、小丑等角色，煞有介事地唱了起來，在一旁看戲的小童也就進入戲中，舞之、蹈之，好不熱鬧。這是古代兒童經常玩的遊戲——「學演戲」。

細考，古代戲劇的起源，源自「巫祭」，巫師化裝為神鬼做法，以祭天地。到了唐代，便有了「參軍蒼鶻」的說法，出現了有簡單故事內容的「參軍戲」。飾演參軍演員還封有官階。《舊唐書・職官志》中說，參軍的官階列在「正八品下階、從八品上階」，是一種品秩很低的職官。

蒼鶻的扮演者，多是童僕的角色，頭紮髻角，身著敝衣，受參軍的呵斥指使，十分滑稽可笑。這個角色的髮型和衣著扮起來，跟一種叫蒼鶻的猛禽有某種形似之處，所以稱作蒼鶻。正如上圖所繪，由於蒼鶻扮演的是兒童角色，而且臉上可以戴上不同形象的假面具，或鬼怪、或神明，或忠或奸，繪聲繪色。所以，孩子們都樂於模仿他來作場。陸游在《春社》一詩中寫道：

太平處處是優場，社日兒童喜欲狂。且看參軍喚蒼鶻，京都新禁舞齋郎。

厲鶚有《醉太平》詞描寫村學堂裏兒童們襯老師睡熟，演起戲來的情景：

　　村夫子面孔，渴睡漢形容。周遭三五劣兒童，正拋書興濃。探
雛趁蝶受朋儕哄，參軍蒼鶻把先生弄，甘羅項橐笑古人聰。不樂如
菜傭。

## 80. 撲流螢

周作人先生有《火螢蟲》一詩：

　　階前喜見火螢蟲，拍手齊歌夜夜紅。葉底點燈光碧綠，青燈有
味此時同。

　　古人所謂流螢，指的就是火螢蟲，或螢火蟲。螢火蟲是鞘翅目的發光昆蟲。根據幼蟲的生活環境分為陸生、水生和半水生。它可以在夜晚發出黃色、橙色和綠色的熒光。其作用是生物自衛的一種功能，用此警告和恐嚇天敵。

　　古人說「腐草化螢」，說螢火蟲是野草腐爛後變的，雖然不科學，但是螢火蟲大多生在草叢荒冢之間的荒涼地方。古人喜歡螢火蟲，吟詠螢火蟲的詩歌也很多，如唐代杜牧著名的《秋夕》一詩寫道：

　　　　銀燭秋光冷畫屏，輕羅小扇撲流螢。天階夜色涼如水，坐看牽
　　牛織女星。

　　南北朝詩人謝朓也有詩云：

　　　　夕殿下珠簾，流螢飛復息。長夜縫羅衣，思君此何極。

　　螢火蟲的絲絲光亮在夜間，即能給人帶來瞑思暇想，也能使人勵志和希望。

　　成語「螢囊苦讀」就是一例。晉朝人車胤讀書刻苦，不捨晝夜，因家境貧
寒，無錢購置燈油。夏天的夜晚，車胤就用白絹做成袋子，裝入幾十隻撲來的
螢火蟲，用其發出來的微弱光亮，照著書本苦讀，夜以繼日地學習，最終成了
一位著名的大學問家。家長和老師多以這個典故鼓勵子弟發憤圖強，學習上
進。至於小童們能不能理解個中深意，誰也不知。但是，夏夜撲螢則是他們很
愛做的事情。

## 81. 風車

　　小孩子們最喜歡動手做的玩具就是疊紙風車了。製作時，先選好一張薄厚
適中的花紙，把紙裁成正方形。用剪刀將四個角剪開，注意別剪得太深。然後

用圖釘把風車中間固定在一個紙卷的小棒子上,用嘴輕輕一吹,風車立刻呼呼的轉動起來,非常的漂亮。如果自己做不好,可以在廟會和集市的玩具攤上購買,花錢甚少,可選擇的風車花樣極多。小童擎在手裏順風一揮,風車轉動不止,十分得意。

近代詩人聶紺弩在獄中時,時常童心復萌,他用包煙的紙做成小風車,揮動起來,能想到唐·吉歌德與風車大戰時的情景,他作詩寫道:

> 八臂朝天一紡輪,朝揮行雨暮行雲。俯看平地疑流水,仰慕高蹤遠塞塵。天際東風春獵獵,磨房文札雪紛紛。吉訶德定真神勇,竟敢操戈鬥巨人。

古代的小童並未讀過《唐·吉歌德》,也不會有聶紺弩的遐想。但是,小小風車的旋轉,依然會帶來暴風驟雨、風雲幻化的無邊想像。

## 82. 走馬燈

走馬燈,古稱「蟠螭燈」,唐代則稱「轉鷺燈」、宋代始稱「走馬燈」。它是燈籠的一種,也是傳統節日孩子們的玩具之一。晚間,在燈內點上蠟燭,蠟

燭產生的熱力造成氣流，會使燈內的輪軸轉動起來。輪軸上貼有花式剪紙，有的繪有青綠山水、人物故事，詩文雜劇，或是工筆花卉等。燭光將剪紙和繪畫的影子投射在外層的燈屏上。這些圖像不斷的走動，有幾分像現在的電影一樣。唐代，在燈面上多繪製古代武將騎馬逐敵的圖畫，燈轉動時，看起來好像幾個人你追我趕一樣，故名「走馬燈」。元代謝宗可有《詠走馬燈》詩云：

> 飆輪擁騎駕炎精，一飛繞間不夜城，風鬣追星來有影，霜蹄逐
> 電去無聲。秦軍夜潰咸陽火，吳炬宵馳赤壁兵；更憶雕鞍年少日，
> 章臺踏碎月華明。

小孩子們不知個中原理，只覺得走馬燈一轉，燈中人物、馬匹、動物，你追我趕，永不停息，煞是有趣。難怪小孩一見走馬燈，便駐足癡望，留漣忘返了。

## 83. 賽跑

跑步是人類生存的一種本能，先民都是靠跑步來躲避豺狼虎豹的追殺，或用跑步的機敏和速度來狩獵獲食。人在青少年時期，多以跑、跳為健身的體育

活動。指揮和馴練部隊兵勇的體魄和作戰能力，跑步、賽跑也是不可忽視的手段之一。

據周代青銅銘文《令鼎》載：跑步是步兵作戰時的基本馴練。彼時，「馴馬」在前衝鋒掃清障礙時，後面執械的兵勇必須迅跑跟上，以擴大戰果。漢代出現的蹴鞠，運動員也必須有長跑的耐力。宋代在郵遞行業中出現了「急腳遞」，他們個個都是長跑的高手。據沈括《夢溪筆談》載：「急腳遞」都是健碩之人，背負文書，防身武器和雨具，腰懸響鈴，可日行四百餘里。近代的長跑和馬拉松運動，都是古代長跑的延續。

孩子們在長成階段都有爭強好勝之心，尤其男孩子比賽誰跑得快，誰就能得到頭籌和讚揚，其意義已非限於遊戲，而是顯示自身體魄和個人魅力的一種表現。

## 84. 撥浪鼓

撥浪鼓是一種兩面蒙皮，鼓身兩側分別拴有一個小鼓捶，搖動時，雙耳自擊發聲，其節奏輕重、音律高低和聲音大小都十分好聽。可當作打擊樂器，也可以當做兒童的玩具。

撥浪鼓出現得很早，考古人員在新石器時期的彩陶中，就曾經發現過疑為撥浪鼓的器物。戰國時，撥浪鼓作為打擊樂器稱作「鼗」（táo），俗稱撥浪鼓。

相傳撥浪鼓是黃帝所造。明代王三聘《古今事物考・武備》稱：「鼙，《內經》曰玄女請帝製鼓、鼙，以當雷霆，是則黃帝製之，以伐蚩尤也。」同時，撥浪鼓亦用於祭祀，《書・益稷》稱：「下管鼗鼓合止柷敔。」《詩經》亦有：「應田縣鼓，磬鼗柷圉」之說。後來，撥浪鼓漸變成民間的兒童玩具。南宋蘇漢臣在他所畫的《五瑞圖》中，很精彩的描繪了孩子們玩撥浪鼓的情形。五個童子或戴面具、或塗面，聚集在一起演大儺舞，其中一個孩子雙手各持一件撥浪鼓。右手持鼓舉至額頭左指；左手持鼓自胸前右指。兩隻撥浪鼓相同，都是兩層鼓。上面的小鼓扁而圓，下面的鼓長而類似腰鼓。鼓面彩繪花紋；長鼓的鼓身銅鑲小花，精緻美觀的程度為前所未有。可見，當時孩子玩撥浪鼓是司空見慣的事。

魯迅在《集外集拾遺補編・我的種痘》一文中說：他有「一樣玩具是朱熹所謂『持其柄而搖之，則兩耳還自擊』的鼗鼓，在我雖然也算難得的事物，但彷彿曾經玩過，不覺得希罕了。」

撥浪鼓不僅是民間哄孩子玩的玩具，就是皇帝老子在未成年的時候也玩這種東西。常伴隨慈禧太后的女官德齡在《御香飄渺錄》中寫有：「在太后的床頭，總放著同治皇帝兒時玩的小撥浪鼓、豬八戒、叭嘰嘴等。足見，太后在寂寞之時的戀子之情。」

## 85. 吹糖人

　　吹糖人，是一種傳統的民間手工技藝。從藝者如同小販挑著一個擔子，一頭是加熱用的爐具，另一頭是糖料和工具，走街串巷，最愛和小童們打交道。因為小童是他們顧客。吹糖人所用的糖料由蔗糖和麥芽糖加熱調製而成，本色為棕黃色。使用的工具很簡單，多是用勺和鏟子。

　　常言說：「吹糖人的一到，孩子就歡蹦亂跳」。吹糖人的打著銅鑼，專門招引小顧客。他們挑的木架分為兩層，每層都有很多小插孔，為的是插放糖人。糖人很好看、好玩，玩完後還能吃，一般孩子都喜歡，見著就走不動了，不是纏著大人要買，就是跑回家去要錢，實在沒錢的也不肯離去，眼巴巴地盯著這些糖人。有的小孩圖快，就付錢買一個現成的糖人。有的則指定形狀要求現做。吹糖人的會根據孩子們的要求，用兩種製作方式表演。一是將盛滿糖稀的勺子高高舉起，依其流下的糖線，當場在石板上畫出人物、動物，如孫悟空、豬八戒，或是獅子、老虎、小蛇、小兔，還有寫福、壽字的。待糖稀冷卻後，用一個竹籤一黏，鏟起來，孩子們拿在手中，既好吃，又好玩。

　　還有一種方式，小販用小鏟取一點熱糖稀，放在沾滿滑石粉的手上揉搓，然後用嘴銜一端，待吹起泡後，迅速放在塗有滑石粉的木模內，用力一吹，稍過一會兒，打開木模，所要的糖人就吹好了。再用葦杆一頭沾點糖稀貼在糖人

上。糖人有各種形狀，什麼小鹿、金魚、耗子、燈籠等，最惹孩子喜愛的是孫猴。孫猴做好後，在猴背上敲一小洞倒入些糖稀，再在猴屁股上扎一小孔，讓糖漿慢慢地流出來，下面用一個小江米碗接著，用小江米勺舀碗裏的糖稀吃，直到糖稀流完或冷卻凝固時，則連孫猴和江米勺一塊吃掉。這套玩藝兒稱為猴拉稀，最受孩子們歡迎。

## 86. 捏麵人

　　民間捏麵人的有南派、北派之分。其實，所用原料和工藝過程並無多大區別，但叫法不同。北方叫捏麵人，南方人則稱呼「江米人」「米粿雕」或「糯米仔」。此圖所繪是南派麵人。這一行所供奉的祖師爺各不相同，北派供奉畫聖吳道子，南派則供奉諸葛亮。

　　捏麵人的來源，有著一段故事。相傳三國時，孔明率兵攻打孟獲，經過七擒七縱，終於使這位蠻將孟獲臣服。孔明班師回朝途中經過瀘水，正當大軍渡江的時候，突然狂風大作，浪激千尺，一片鬼哭神嚎之聲刺人心脾，使大軍處於一片惶恐之中，無法渡江。孔明當即招來孟獲詢問其中原因。孟獲回答說：兩軍交戰，傷亡慘重。陣亡將士的魂魄無法返回故里與父母妻兒團聚，故而在此興風作浪，阻撓大軍回程。軍師若要渡江，須斬七七四十九顆人頭祭江，方

可風平浪靜。孔明不忍殺戮無辜，心生一計，命廚子用米麵為皮，內包牛馬之肉，捏塑出四十九個人頭，在江邊陳設香案，灑酒祭江。把假人頭擲於江內，剎那間江上陰霾散盡，風平浪靜，大軍順利渡江。自此之後，捏麵人這一行的技藝便大行於世了。

捏製江米人一般從面部五官開始。先取出一定量的麵團，按在竹筷上，用撥子捏出臉部輪廓。然後捏出眼、耳、鼻、嘴等形態，黏上黑色的眉毛，作出眼睛，挑出嘴唇。接著，製作出穿有黑靴的雙腿，用黃、綠、紅、黑等顏色的麵劑揉成片狀，製作成色彩斑斕的裙袍。再用麵劑捏成手臂，用小剪子剪出五指形狀配以武器。這樣，一個色彩豐富、精神飽滿的人物，立即活靈活現起來。

小孩子擎在手中，得意神態躍然如畫。

## 87. 唱兒歌

小小子兒坐門墩，哭著喊著要媳婦。要媳婦幹嘛？黑夜裏說話打喳喳。拉大鋸、扯大鋸，姥姥家唱大戲；接閨女叫女婿，外孫閨女也得去。搖哇搖、搖哇搖，一搖搖到外婆橋；外婆橋邊外婆坐，等我一起去磨磨。

　　這些都是流傳了很久很久的「兒歌」，究竟起源於何時行地，創作者是誰？實在無從考據。這些歌詞兒就是姥姥的姥姥傳給了姥姥，姥姥又傳給了母親，母親在哄孩子的時候，又傳給了下一代。民間的兒歌就這樣一代一代地傳了下來。今日讀來，這些兒歌內容雖然荒誕不經，而且缺乏邏輯性，但它朗朗上口、韻味十足，大人們和著拍打的節奏，把無數待睡的小兒一一送入甜美的夢鄉。

　　用《教育學》來解釋：兒歌，是以低幼兒童為主要接受對象的具有民歌風味的簡短詩歌。它是兒童文學最古老也是最基本的體裁形式之一。兒歌按其功用來分，大致可分為三大類：既「遊戲兒歌」、「教誨兒歌」以及訓練語言能力的「繞口令」等。它是兒童最早接觸文學的一種形式。

　　一群小童手牽手地唱兒歌是我們在生活中時常看到的景象。如圖所繪，一群幼稚的小孩在一起，高聲地、反覆地、不厭其煩地唱著這些古老的歌曲，給路人帶來無比的恬靜和安詳。

## 88. 撲蝶

蝴蝶，古時稱為蛺蝶。《本草綱目》云：「蛺蝶輕薄，夾翅而飛，某某然也。蝶美於鬚，蛾美於眉，故又名蝴蝶，俗謂鬚為胡也。」蝴蝶是一種蛹生的飛蟲，脫變之後，美麗異常。它有著一對優美漂亮五光十色的翅膀，細細的楚腰和一對嫵媚的蝶鬚。自古以來深受文人墨客的青睞，在詩詞歌賦中多有溢美。

楊萬里在《長干行》中寫道：「八月蝴蝶黃，雙飛西園草」。杜甫在《曲江二首》中寫得更為俏麗：「穿花蛺蝶深深見，點水蜻蜓款款飛」。將蝴蝶在花叢中飛舞覓食、交配、產卵和蜻蜓點水產卵，一觸即飛之狀，描繪得栩栩如生。

如仙若霧、翩翩起舞的蝴蝶，也被引入了哲學領域。《莊子齊物論》寫了一則著名的故事。其文曰：「昔者莊周夢為胡蝶，栩栩然胡蝶也。不知周也。俄然覺，則蘧蘧然周也。不知周之夢為胡蝶與？胡蝶之夢為周與？……」。這一著名的典故「莊周夢蝶」，一直為人討論至今。

兒童們都喜歡蝴蝶，從古至今，戲蝶、捕蝶一直是孩子們的最愛。南宋詩人楊萬里曾在《宿新市徐公店》中寫道：

> 籬落疏疏一徑深，枝頭花落未成陰。兒童急走追黃蝶，飛入菜花無處尋。

詩人描述黃色的粉蝶喜在黃色的油菜花中飛舞，由於黃色的蝶的顏色與菜花相同，蝶花一色，使捕蝴蝶的小童難以辨識，茫然不知所措。一片天真盡入詩中。周作人先生在《蟲鳥》詩中寫道：

> 蝴蝶黃蜂飛滿園，南瓜如豆菜花繁。秋蟲未見園林寂，深草叢中捉綠官。

# 89. 猜枚

　　猜枚又叫划拳，流行於北方的廣大地區。玩的方法一般都在酒桌上進行，它也是一種成人賭酒的遊戲。

　　猜枚只限於二人比賽，賽前兩人前的酒抔各自倒滿，然後，二人同時出一隻手，並且同時猜兩人用手指所伸出來數字之和，兩人都猜錯時則要繼續，直到一方猜對了停止，猜錯者被罰，將面前的酒一口氣喝乾。然後，再進行第二輪的比賽。所以猜枚也叫划拳。比賽的技巧在於嘴和手要配合完成的，兩人面對面進行。其要領是：伸出手指與喊數要同時進行；二要喊出的數必須是伸出的手指數以上的數和與五相加得數以內的數。伸指喊數的範圍為一至十，還要加上一句吉利語。如：「一定，兩好，三元，四喜，五魁，六順，七巧，八仙，九長，全福」——這是兩言的。還有三言的：如「一定終，兩相好，三元郎，四發財，五經魁，六六順，七巧圖，八四馬，久九長，全福壽」。因為地域不同，喊出來的口號也有很多差異。

　　猜枚也好，划拳也好，本不是一種健康的遊戲。這種「惡趣」培養出無數的嗜酒的醉鬼，對社會也造成很多的危害。但積習成俗，流毒甚遠。大人的無

行對孩子影響很壞，舊日，不少兒童在家人的影響下，也學會了划拳猜枚，背著大人躲在僻靜之處，也「七個巧哇，八個老哇」地喊起來。

## 90. 蒔花

　　庭院花卉是種在院中廊下、甬道石旁地下的花草佳卉。盆栽則是在花盆、瓦甕等器皿中蒔養的花草佳木。常見的有月季、芍藥、牡丹、山茶、菊花、玫瑰、丁香、箭蘭、丹頂紅、蔓陀羅、薰衣草、金桔、石榴等等。這些美麗的天賜妙品是放置在園林、居室中富有裝飾作用的陳設，充滿著詩情畫意。

　　種花蒔花在我國的歷史悠久遠，可以溯至殷商時期，評話《武王伐紂》中講，紂王無道，在鹿臺之中廣設宮室，廣植花木，園林如畫，一草一木已相當講究了。在隋唐宋元出土的古墓壁畫上，也都繪有一系列庭苑和盆栽鮮活的花木圖畫。唐人的詩文中有數不清的讚美花園的詩。如趙嘏寫道：

　　　　煙暖池塘柳覆臺，百花園裏看花來。燒衣焰席三千樹，破鼻醒
　　愁一萬杯。不肯為歌隨拍落，卻因令舞帶香回。山公仰爾延賓客，
　　好傍春風次第開。

白居易有詩讚美盆裁：

> 青石一兩片，白蓮三四枝，寄將東洛去，必與物相隨；石倚風
> 前樹，蓮栽月下池。

好花佳卉在古人的眼中是無比聖潔高貴之物，並賦與了她們的性格和象徵。牡丹花代表著玉堂富貴，莘荑表示著妙筆生花，菊花喻示高潔，芝蘭喻示君子，松石代表宜壽，梅花喻比貞潔。

舊日的普通人家，也都有蒔弄花草的喜好，庭院堂前，多植花木已成習俗。在大人的影響下，孩子們從小也養成了蒔花、愛花的習慣，以精心蒔弄花草園藝為日常的遊戲之一，即培養了勞動的勤奮，同時，也培養了愛美惜花的心理修養。

## 91. 清供

「歲寒三友」之說，最早流行於明代。明人程敏政曾作《歲寒三友賦》，他在賦中稱松竹經年蔥郁，冬而不凋。梅花耐寒，孤標傲岸，用此三種植物來比喻高風亮節之士，稱之為「歲寒三友」。自此，以歲寒三友為題材的文章、

詩詞、繪畫、文玩、裝飾品便多用起來。而且，歲寒三友所包括的內容，也就越來越豐富了。所借用的植物也不僅僅限於松、竹、梅，而把蘭花、水仙、菊花、石頭等等，也漸次劃入三友之列。

南天竹，春夏開白色成簇的小花，落謝後結球狀果實，至冬歲末變成朱紅色。與南國紅豆相似。如珠如玉、晶瑩可愛，而且長掛不墜，容易保存。正因如此，很得文人雅士的喜愛。它的枝葉、果實、在寒冬百花凋零之際，傲霜御雪，滴紅染翠，如詩如畫，尤見精神。用之擬人，則高標冷雋，喻物，則不與眾同。因此，被人們譽為高標傲物，便也躋身三友之中了。

到了清季，南天竹成了吉祥之物。這與時風所好有著密切關係。民間旗戶或是漢人中等人家的廳堂，必擺上一盆南天竹為清供，以示高雅。城郊的花農，在冬季的歲末年前，常常折採掛果的南天竹枝條，進城販賣。

在家庭和時風的影響下，孩子們對南天竹也異常青睞。每逢有賣南天竹的到來，孩子們都歡呼雀躍地跑出門去競相挑選，果實豐碩、晶瑩悅目的擎在手中，相互炫耀。待大人付款後，孩子們會舉著南天竹遊走長街胡同一番，然後回家插入罈瓶，清供於條案之上，奉若神品。

## 92. 轉糖攤

舊日，各地集市、廟會和小學校的附近，大多擺著一個轉糖攤。攤主總在招呼著小孩子們來玩轉糖。這種轉糖攤都不高，有一個大圓木盤子平放在尺來高的筐子上，木盤上自中心向外劃分著大小不等的許多格子，格子有寬有窄，每個格子裏面分別擺放著各色糖果和小玩物。如洋畫片、橡皮、鉛筆或是糖球等等。當然，還有許多不放東西的空格。盤子中心支著一根木杆，杆上頂著一根橫杆，橫杆一頭是搖把兒，另一頭用線懸垂著一根大鋼針。小孩子花上一分

錢就可以轉一次。一搖把手兒，那枚鋼針就隨之轉了起來。眼睜睜看著鋼針停在哪裏，停在哪一個小格子上，若這一個格子中擺著東西，便可把這個東西取走，算是贏了。如果停在空格上，那就自認倒楣，算是輸了遙。每次花上三五分錢，多少還是有所收穫的。總不至於空手而歸。清代嵩山道人有首《竹枝詞》寫得好：

> 我的生意不開口，主客走來自動手；針頭轉在條子上，包你吃個糖繡球。

轉糖是一種有趣的小生意，在誘發兒童佔有欲的心理活動之際，賺取些小的利潤。而小童們在轉糖攤上，對那根懸針的轉停充滿了期望，想得到自己心想的小吃食或小玩意兒。可是，懸針轉起來總是十發九空。

仔細考證起來，這一行生意也頗有歷史。南宋曾三異曾在他撰寫的「因話錄」中寫過：「都下賣糖者，作一圓盤，可三尺許，其上畫禽鳥雜物之狀數百枚，長不過半寸，闊如小指。甚小者只有兩豆許。禽之有足，弓之有弦，纖悉瑣細，大略皆如此類。以針做箭，而別以五色之羽，旋其盤，買者投一錢，取箭射之。中者得糖。」足見，這種生意已有七八百年的歷史。這裡所描寫的「射箭中的」方式，真與現在流行的擲飛鏢一模一樣。它與轉糖攤之間的區別，大概一個是豎擲，一個是平轉。而平轉當然比豎擲要安全得多了。

## 93. 耍骨骨丟

清人李聲振在《百戲竹枝詞》中寫有《耍骨骨丟》一詩：

> 小戲開場獨腳班，骨丟誰識巧機關，一身妙盡絲兼肉，妒殺壕州十不閒。

　　「骨骨丟」是老北京人對木偶戲的一種俗稱，木偶也叫偶人、傀儡，是用木頭雕製而成的小人。由人來操作表演各種故事和戲文。木偶的種類很多，有杖頭木偶、提線木偶、布袋木偶種種不一。「骨骨丟」是一種小型的布袋木偶。木製的偶人頭，頂在藝人的食指上，拇指和中指分別套上偶人的左右手，用手指的表演就能使偶人做出各式各樣的動作。表演者藏身於大布袋裏，口中吹著小哨，模仿著不同人物的聲音，一臺小戲就能開場了。戲有八大出，如：《香山還願》、《鍘美案》、《高老莊》、《五鬼捉劉氏》、《武大郎乍屍》、《賣豆腐》、《五小兒打虎》、《李翠蓮》等。

　　這行藝人都是鄉間農人的打扮，肩上挑著一副擔子，前面是一個小戲臺。臺下圍著一圈兒藍布圍幔，後邊是一架木提盒，盒裏放著各種「骨骨丟」和各種小道具。手中銅鑼一敲，孩子們就從各家各院中跑了出來。藝人就用扁擔把小戲臺支起來往牆上一靠就唱了起來。但是一收錢，孩子們就全跑了。

## 94. 玩具擔

　　走街串巷、掛滿玩具的貨郎擔，是最受小童歡迎的。每當貨郎的搖鼓一響，小孩們會址著家中的大人跑了出來，攔著貨郎的挑子，挑選自己最中意的玩具，要求大人購買。大人不給買時，他們會又哭又鬧，撒潑打滾，直到達到目地為止。

　　宋代畫家李嵩繪有四幅《貨郎圖》，分別藏於北京故宮博物院、臺北故宮博物院、美國大都會美術館與克里夫蘭美術館。他畫的貨郎擔上的玩具琳瑯滿目、數不勝數。據清華大學王連海教授對《市擔嬰戲圖》的研究：「可辨識者有如下諸種：小鳥、鳥籠、撥浪鼓、小竹簍、香包、不倒翁、泥人、小爐灶、小壺、小罐、小瓶、小碗、六角風車、雉雞翎、小鼓、紙旗、小花籃、小笊籬、竹笛、竹簫、鈴鐺、八卦盤、六環刀、竹蛇、面具、小燈籠、鳥形風箏、瓦片風箏、風箏桄、小竹椅、拍板、長柄棒槌、單柄小瓶、噗噗噔等等」。從一個嶄新的角度也反映出，偏安一隅的南宋，因遠避了金人的南侵，蘇杭江浙一帶經濟文化生活的繁盛程度。工農商賈、三百六十行紛呈於市，連專哄孩子們玩的玩具市場也都分外發達。據《武林舊事》、《夢粱錄》、《西湖繁勝錄》等書的記載，當時上市的大堆玩具中亦有：

　　「選官圖、簷前樂、黏竿、風幡、絹孩兒、符袋兒、彈弓、箭翎、鵓鴿鈴、風箏、象棋、竹貓兒、行嬌惜、宜娘子、秋韆稠糖、葫蘆、火齋郎果子、吹糖、糕粉孩兒鳥獸、象生花朵、黃胖兒、麻婆子、橋兒、棒槌兒、影戲線索、傀儡兒、杖頭傀儡、宜男竹作、錫小筵席、雜綵旗兒、單皮鼓、大小採蓮船、番鼓兒、大扁鼓、道扇兒、耍三郎、花籃兒、一竹竿、竹馬兒、小龍船、糖獅兒、打馬圖、鬧竹竿……等等。」見到這些玩具的孩子們如何不歡呼跳躍、流連忘返呢？

## 95. 鬥百草

清代金廷標《兒童鬥草圖》（局部）現藏故宮博物院。

　　鬥百草，是舊日民間青年男女和兒童流行的一種遊戲。起源於漢代，最早見於文字是在魏晉南北朝時，每年端午節們人們都在門前插艾，以解瘴暑毒

疫。收採艾草的時候,人們往往比賽各種艾草的長短和良莠,逐漸形成此俗。梁代宗懍的《荊楚歲時記》記載:「五月五日,謂之浴蘭節。荊楚人並踏百草,又有鬥百草之戲。」

　　唐代鬥百草的遊戲多興於閨中少婦、少女和兒童。宮中皇室對此項活動也十分提倡。鬥百草的方式有許多種。一種是比試草莖的韌性,方法是草莖互相交結,兩人各持一端向後拉扯、以不斷者為贏,斷者為負。另外一種比賽方法則是採摘花草,互相比試誰採的種類最多,採多者為勝。彼時有許多詩歌讚美此俗,如宋高南阜《小娃詩再效前體》一詩寫道:

　　　　畫廊東畔綠窗西,鬥草尋花又捉迷。袖裏偷來慈母線,一鉤小
　　襪刺貓蹄。

　　白居易在《觀兒戲》中也寫有:「棄塵或鬥草,盡日樂嬉嬉。」都是描寫小孩們歡天喜地玩鬥草的場景。不過,這種遊戲逐漸少傳了。近代的插花藝術似乎還留有一些鬥百草的遺痕。

## 96. 演偶戲

南宋・劉松年《傀儡嬰戲圖》。

　　偶戲,亦稱傀儡戲。傀儡出現得很早。根據出土文物和歷史資料記載:傀儡的出現最早源自古代的葬禮。古人強調「侍死如侍生」,人們就採用「木俑」

或「陶俑」來殉葬。這種「俑」就是傀儡的前身。《通典》云：「《窟礌子》作偶人以戲，善歌舞，本喪家樂也。漢末始用之於嘉會。」後人用偶人作戲的一種娛樂形式就出現了。據《樂府雜錄》記載：漢高祖被冒頓圍於平城時，謀臣陳平獻計，製造了一批會動的美人木偶，離間了冒頓與助戰國的關係，從而解除了平城之圍。謝觀為此還作了一篇《漢以木女解平城圍賦》。他說：「今俗懸絲而戲，謂之偶人，以手持其末，出其幃帳之上。」《都城紀勝》有《瓦舍眾伎》一篇，其中提到了彼時有多種傀儡：如「弄懸絲傀儡、杖頭傀儡、水傀儡和肉傀儡。肉傀儡則是由小童與後生輩和木偶一起表演。傀儡戲敷演的故事，多為煙粉靈怪、鐵騎公案之類。其中，話本或雜劇的故事也間以有之。

　　兒童對傀儡戲的演出頗有興趣，每每觀之，出神入甚，不忍離開。在宋代集市上便有匠人製作出多種多樣的偶人鬻賣。大人常當玩具給小童買回家中玩耍。孩子們的腦洞大開，自己編纂一些故事，用人偶表演起來，引得群兒捧腹開懷，樂此不疲。現藏於臺北故宮博物館中南宋畫家劉松年的一幅《傀儡嬰戲圖》，畫中群兒將園中的長凳放倒在地，凳腿上綁著用木棍搭成的架子，四周拴上布片，一個小童匿身於布幔的後面，正在全神貫注地舞弄傀儡作戲，圍觀的孩子們看得如癡如狂。

## 97. 捶丸

宋・佚名《小庭嬰戲圖》。

捶丸是古代一種球戲的稱謂。捶者打也，丸者球也。玩時用一支藤製的球杆去打擊一種角骨製作的小球，使之入洞，比賽形式很類似現代的曲棍球。這種運動興於唐代，其前身是當時很流行的「步打球」。雙方攻守對陣，有著很強的對抗性。

到了宋朝，「步打球」的競賽逐漸演變為依次擊球的非對抗性比賽，球門改為球穴，名稱也隨之改稱為「步擊」。關於捶丸活動的文字記述，最早見於元代的一部專門論述捶丸的著作《丸經》。書中談到「宋徽宗、金章宗，皆愛捶丸」。現存於山西省洪洞縣廣勝寺水神廟壁畫中有元代《捶丸圖》，圖中，於雲氣和樹石之間的平地上，二男子著朱色長袍，右手各握一短柄球杖。左一人正面俯身做擊毬姿勢，右一人側蹲注視前方地上的球穴，稍遠處有二侍從各持一棒，棒端為圓球體，居中者伸手向左側擊毬人指點球穴位置。這是元代民間捶丸活動的真實反映。

上有所好，全民傚之，彼時連兒童也都喜愛這項捶丸活動。例如，北宋范仲淹的侄子滕甫，幼時就「愛擊角球」，以至荒廢了學業。范仲淹「每戒之不聽」，只得隨他去了。上圖為宋人所繪的《小庭嬰戲圖》，畫的是兩名兒童在大人的指導下，用小棒子捶丸的場面，說明當時捶丸活動盛行的有力佐證。彼時有無名氏詩云：

> 城間小兒喜捶丸，一棒橫擊落青氈。縱令相隔雲山路，曲折輕巧入窩圓。

## 98. 賣癡呆

宋無名氏《除夕童戲圖》。

賣癡呆，原是宋代吳中舊俗。詩人范成大說：「分歲罷，小兒繞街呼叫云：賣汝癡！賣汝呆！世傳吳人多呆，故兒輩諢之，欲賈其餘，益可笑。」並作有《賣癡呆詞》，寫道：

> 除夕更闌人不睡，厭禳鈍滯迎新歲；小兒呼叫走長街，云有癡呆召人買。二物於人誰獨無？就中吳儂仍有餘；巷南巷北賣不得，相逢大笑相挪揄。櫟翁塊坐重簾下，獨要買添令問價。兒云翁買不須錢，奉賒癡呆千百年。

詩中寫除夕剛過，當地的孩童們就紛紛湧上了街頭，嬉笑打鬧，走街串巷，叫賣自己的傻，自己的癡，自己的呆，希望能夠有人買去。這是孩子們的美好心願，希望自己在一元初始時能脫胎換骨，變得越來越聰明。但是，他們走完大街小巷，知道自己身上的癡傻是賣不出去的，互相碰面，彼此會心一笑，互相挪揄起來，只當作一場遊戲而已。

此俗流傳並不長久，後來，「賣癡呆」就與「傻了八嘰」、「裝傻充楞」、「假癡不呆」、「裝瘋賣傻」等貶意詞聯繫到一起，成了一句褒貶他人，或不招人喜歡的事兒。到了清代，「賣癡呆」被簡化成「賣呆兒」，成了貶斥不正經的女人在「賣風騷」、「賣風流」，「倚門賣笑」。京劇《女起解》中，解差崇公道對蘇三說：「慢說皮氏不好，襯老公不在家私通了趙監生。就是她調教的丫頭春梅，老大不小的，終日倚著門檻賣呆兒。就我這個糟老頭子從她家門口經過時，她還衝我擠眉弄眼的吶！這就叫上樑不正下樑歪。唉！時候不早了，再們還得趕路。快點兒走吧！……」

## 99. 抓子兒

抓子儿

　　嘎拉哈是滿語，指的是「羊拐」，漢學則叫「髕骨」。是羊、豬、牛等家畜後腿關節部位的一塊骨頭。在民間抓玩「子兒」就是嘎拉哈，指的就是羊、牛、豬的髕骨。

　　抓嘎拉哈的遊戲叫「抓子兒」，也叫「丟包兒」，多是女孩兒們一起玩，圍坐在炕上「抓子兒」。她們把四個嘎啦哈不規則地擺在炕桌上，嘎拉哈有四個面兒，較寬的兩個面，凹陷的一面叫「坑兒」，凸起的一面叫「背兒」，兩個側面一個叫「砧兒」，一個叫「驢兒」，四個為一副，講究一點兒的刷上紅漆。再用一個布面內裝糧食或者沙子的小口袋（即是包兒），作為「丟包兒」用。先由一人將沙布口袋拋向空中，騰出手一把抓住四個嘎拉哈，再翻過手來，接住空中落下來的布口袋，這一輪就算圓滿成功。如果抓的嘎拉哈掉了，或者沒有接到布口袋，都算輸給對方。由對方接著玩。如果每個人都不輸，就接下來玩第二輪。這種遊戲可既有趣，又能使手、腦、眼協調配合，開發智力。手麻利的扔的高、看的準、翻的快、接的穩，玩的好。嘎拉哈的四面都有著不同的累計標準，花樣繁多，幾個小女子在一起玩，樂趣無窮。尤其進入農閒，姑娘們坐在炕上，一玩就是一上午。

　　這種遊戲最早是東北游牧民族女真人發明的。據說，抓嘎拉哈的廣為流傳，與金代開國皇帝完顏阿骨達的兒子金兀尤有關。少年金兀尤擅長騎射，力大無窮，英勇無人能比。他曾獨自一個人進山打獵，獵取到四種最兇猛動物的髕骨。從此傳為佳話。女真人為了讓後代像金兀尤那樣勇敢，便教孩子們抓玩野獸的髕骨。漸漸地抓嘎拉哈就成為流傳於民間的遊戲。待女真人入侵中原後，這個遊戲也隨著傳入漢地。抓嘎拉哈的名字也就隨著漢人的習慣改為「抓包兒」。

　　這種遊戲一直流傳到現在。

# 100. 學禮佛

宋人佚名繪《合歡多子圖》現存日本東京國立博物館。

稽首禮佛是唐宋時期常見的一種兒童遊戲。李商隱有《驕兒詩》寫道：

衰師我驕兒，美秀乃無匹。文葆未周晬，固已知六七。四歲知
名姓，眼不視梨栗。交朋頗窺觀，謂是丹穴物。前朝尚器貌，流品
方第一。不然神仙姿，不爾燕鶴骨。安得此相謂，欲慰衰朽質。青
春妍和月，朋戲渾甥侄。繞堂復穿林，沸若金鼎溢。又復紗燈旁，
稽首禮夜佛。

詩中「稽首禮夜佛」寫的就是彼時小孩子們每日要禮夜佛的事情。路德延
在《孩兒詩》中則有「展畫趨三聖」的描寫，陸游在《群兒》詩中也有「野行
遇群兒，呼笑運甓忙。共為小浮圖……」如現藏日本東京國立博物館中的《合
歡多子圖》，就有兩個小童向浮圖寶塔作禮拜的情景。

佛教自漢代傳入中土以來，曾數度輝煌。在南北朝時期和中唐、晚唐時期
最為興盛。當時人們對佛教的狂熱達到了不可理喻的程度。在皇權的推崇下，
佛寺日增，僧尼無數。人們尊佛禮佛達到匪夷所思的地步。

所謂的禮佛，就是向佛進行禮拜，懺悔自己平日所造之業，以求滅障消災、
增加福慧。禮佛的方式很多，包括雕刻佛像、供養塔寺、修塑佛菩薩塑像、讚

歎佛像莊嚴、歌頌佛德，或以各種樂器，演奏妙音、合掌、低頭鞠躬，屈膝跪拜等。皇帝、皇后帶頭在吉日禮佛、興師動眾，大肆提倡，至使天下男女莫不尊佛禮拜。在大人熱衷地引導下，孩子們從小深受佛學教育、從拜如流。他們根本不懂佛學深意，但也效法禮佛的種種規則，見佛便跪、見佛便拜，最後竟變成為一種遊戲。

然而，物極必反、盛極必衰，宗教也一樣，歷史上曾發生過多次規模很大的反佛運動，在佛教史上被稱為「滅佛」運動，即是「法難」。北魏太武帝、北周武帝、唐武宗不信佛。並認為佛教道理荒謬，縱容不工、不農、不士，嚴重影響國家歲收，摧毀國力。於是毀寺拆廟、焚燒經文，沒收寺產，強迫僧尼還俗。經此大劫，全民崇佛的熱潮始退。孩子們「學拜佛」的遊戲也就逐步地消亡了。

## 101. 手影戲

宋人佚名繪《嬰孩弄影戲圖》現存北京故宮博物館。

手影戲是民間一種傳統的兒童遊戲。尤其在舊日廣大的農村鄉鎮非常流行，它是平民之家的一種娛樂形式，也是大人在入夜時分哄小孩的一種有趣的表演手法。早年間並無電燈照明，夜間採光用的是豆油燈或菜油燈。一撚豆星的光亮給全家人帶來了無限的光明，也給孩子們帶入了一個神秘的世界。晚飯後，在油燈的光照下，炕頭的牆壁上會出現晃動的人影物影。此時，大人會伸

出手掌，用手指的變化在牆上映出狼、狗、兔、虎、青蛙、小魚種種活靈活現的動物剪影。這些剪影隨著大人學狼學虎的口技動將起來，會演出各種生動活潑的影戲。智力初萌的小孩會被各種影子帶入戲中，時驚時懼、時喜時樂。使原本沈寂無聊的陋室，頓時充滿了無盡的歡樂。

　　手影遊戲十分簡便，而且歷史悠久。宋《都城紀勝》一書記有杭州瓦舍中的藝伎表演的「雜手藝」中就有「手影戲」一項。手影戲只要一屏一燈，就可以通過手勢的變化，創造出種種動物的形象給兒童觀看，「像不像，三分樣」，即可啟發兒童的思維想像，又是一種娛樂節目。現故宮博物院存有宋人所繪的《嬰孩弄影戲圖》，一個大孩子面前置有一個框架似的影窗，他在即興發揮地表演手影。兩個小孩子坐在對面認真地看著影戲，煞是有趣。

## 102. 過家家

宋人佚名繪《百子圖》（局部）現存北京故宮博物館。

　　過家家，幾於是每一個人在兒童期玩過的一種遊戲。他們三五結群在一起，依年齡大小分別扮演父母大人和兄弟姐妹等不同角色，來模仿家長和大人們的日常生活，如婚喪嫁娶，往來待客，或抱病待診、或尋親訪友、或灑掃庭除，或廚下勞作、或哺乳幼子等等，率真入戲，儼然成人一樣，活靈活現、生動有趣。過家家所用的道具，有的直接使用家中床榻桌椅和現實的環境，有的則另闢一處，劃地為家，分出廚房、臥室，客廳、庭院，或布置小的陶俑、泥人、小傢俱，也可以因陋就簡，以雜物、樹葉、紙張等物充代。因為都是孩子們親自扮演的角色，盡可以根據自己的想像演出一場場好戲。

這種玩法由來甚久，《韓非子‧外儲說左上》就記載了這種遊戲，文中寫道：「夫嬰兒相與戲也，以塵為飯，以塗為羹，以木為胾，然至日晚必歸餉者，塵飯塗羹可以戲而不可食也。」

一群小朋友一起玩過家家，好處多多。他們在玩耍中會有更多的語言交流，也會產生爭執和協商。以遊戲直接參與生活過程、認識生活，對他們的成長極有益處。

## 103. 六博

宋人佚名繪《嬰戲圖》（局部）現存臺灣故宮博物院。

六博，又作陸博，是中國古代民間一種擲彩行棋的遊戲，也是我國古代棋類的鼻祖。六博出現得很早，根據目前出土的六博棋盤、棋子等文物來看，早在春秋戰國時期這種棋藝就已經發明了。由於是與象棋一樣要殺掉特定棋子為獲勝，所以它也是一種長幼皆宜的兵種棋戲。

它的玩法是雙人對弈。棋的制式是由棋、局、箸三個部分組成。棋是在局盤上行走的象形棋子，每方各六枚，一梟五散，故稱六博。局就是棋盤，方形並有曲道。箸就像骰子，用竹子做成，長為六分，用於投擲。以投箸決定行棋的步數。方法是「投六箸，行六棋」。先投箸，後行棋，鬥智鬥勇又鬥技巧。

彼此開動腦筋，相互攻逼，務使對方死棋。走到最後的關鍵時刻，當投箸投成「五白」，可以任意殺對方重要棋子而取得大勝。這便是《楚辭·招魂》中所說的：「菎蔽象棋，有六博些。分曹並進，遒相迫些。成梟而牟，呼五白些」。

六博是春秋戰國時期人人喜愛的娛樂活動，俗稱博戲。善博的人在社會上享有較高的地位並受到人們的尊敬。智商高的孩子們也都樂此不疲，還出現了一些善博的神童。東漢以後，六博棋開始衰落，玩法逐漸失傳，現存的有關史料零雲散星，皆語焉不詳，六博棋失傳的原因，是與人們對它進行不斷改造有關。新的對弈的棋，如圍棋、象棋的陸續出現，六博也就逐步淡出了孩子們弈壇。

## 104. 雙陸

宋佚名《宮人雙陸圖卷》現存故宮博物院。

雙陸是古代的一種博具，在古代曾經風行一時。這種棋戲在古代又叫「握槊」、「長行」，另外還有一個「波羅塞戲」的別名。據《事物紀原》一書說，雙陸是三國時曹魏「陳思王曹子建」發明的。」《舊唐書·后妃傳》也有記載說：武三思進入宮中，被升為御床，有一次和韋后打雙陸，唐中宗就在一旁為他們點籌。

雙陸在唐宮廷中男女普及的一種娛樂遊戲。有時還影響到政治。史書上記載：武則天擬變李唐為武周的時候，先後把皇位繼承人李弘、李賢、李顯或殺或逐，準備立武家的人為太子，群臣紛紛上諫，卻一無奏效。一次，武后對近臣狄仁傑說，「我昨夜夢見與人雙陸，一直不勝，這是什麼緣故？」狄仁傑乘機上言道，「雙陸不勝，說明宮中無子，這是上天的警告啊！」武后才感悟過來，遂立李顯為太子。

　　宋代，雙陸在平民市井也已十分普及，當時酒樓茶肆都設有雙陸棋盤，供人們玩耍。此間還出現了以雙陸設賭的行業。《金瓶梅》書中就多處提到雙陸，幾乎老少男女，閨閣婦孺乃至名姬豔妓，都會玩這一手。譬如，西門慶、孟玉樓都是「不消說」的雙陸能人。

　　成人如此，彼時的小童也學著大人以雙陸為遊戲，至於玩得好不好，高明不高明，則是另當別論了。到了清代，雙陸遊戲已不太流行了。

## 105. 對弈

清代瓷繪《童子對弈圖》。

　　棋類是一種老少皆宜的益智遊戲。其中，圍棋起源甚早。傳說堯的兒子丹朱性情頑劣，堯為了陶冶其性情，特意發明了圍棋，令其研習，以培心智。目前有關圍棋的最早記載，見於春秋時期的《左傳》，弈秋是第一位圍棋高手。圍棋延有「弈」、「碁」、「手談」、「坐隱」等雅稱。漢代下圍棋已成為知識分子的一門必修課。

　　象棋出現比圍棋晚一些，相傳春秋戰國時期有之。漢劉向《說宛·善說》：「燕則鬥象棋而舞鄭女。」其後，北周武帝制《象經》，集百僚講說。內有「日月星辰之象，以寓兵機。」現今通行的象棋，相傳為唐代牛僧孺所製。棋子三十二枚，紅黑各半。兩人對弈，以帥統仕、相及車、馬、炮各二，兵五。弈時，雙方輪流行棋，以「將死」或「困斃」對方將帥為勝。清朝初年，圍棋、象棋均發展達到前所未有的高峰。大批著名棋手湧現，留下大量名局棋譜。

　　因為棋局變化多端，發人智慧，深為各界人士的厚愛，茶餘飯後、休閒之暇，無論廟堂雅室，瓜棚豆架，皆可擺下戰場，一決高低。孩子們一但入門，

也都樂此不疲。加之家長們支持，下圍棋也好，象棋也好，五子棋也好，都是引人入勝的妙品。

## 106. 七巧板

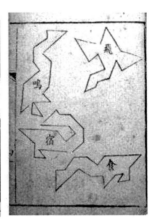

英國劍橋大學的圖書館裏珍藏著一部《七巧新譜》。

　　七巧板是由七塊不同型狀的板材組成的。其中有三角形、四邊形、不規則的多邊形等，用這七塊板可拼成一千多種圖形，如人物、動物、橋樑、房屋、寶塔等等。七巧板出現的歷史可以追溯到公元前一世紀左右。但只是雛型，尚不完整。七巧板本來的面目源自北宋進士黃伯思繪的「燕几圖」，燕几的意思是招呼客人賓宴用的案几，黃伯思先設計了六件長方形案几，於宴會時能視賓客多寡適當調整位置，隨後又增加一件小幾，七件案几全拼在一起，會變成一個大的長方形，若分開組合的話則變化無窮。平面觀之和現代七巧板則相差無幾。

　　後來有好事者將「燕几圖」改造成一種木板或紙板製的七巧板，供人巧擺玩耍，因其可千變萬化、發人心智，且老少皆宜，更為婦孺青睞。這種遊戲到了明清兩代在民間廣泛流傳，清代學者陸以湉著的《冷廬雜識》中寫道：「近又有七巧圖，其式五，其數七，其變化之式多至千餘。體物肖形，隨手變幻，蓋遊戲之具，足以排悶破寂，故世俗皆喜為之。」

　　後來，七巧板的遊戲又傳到西方，荷蘭作家高羅佩所寫的《狄公案》中，還將七巧板化作了破案的關鍵線索。在《鐵釘案》一章中，藍大魁擅長擺弄七巧板，並隨身攜帶。後來他被害於澡堂中，臨死前，他用七巧板擺出兇手輪廓，這才讓神探狄仁傑順藤摸瓜，最後找出了真兇。

## 107. 驢皮影

《貨郎嬰戲圖》（局部）現存北京故宮博物館。

　　皮影，又稱「影子」或「燈影」，是一種以牛、驢、羊、馬、騾子等牲畜的皮或紙板做成的戲劇人物剪影，它們經過刮製、雕鏤、染色、熨平等工序製作成人物、鳥獸、布景。用來表演故事，平民尤為喜愛，俗稱「驢皮影」。表演時，藝人們在白色幕布後面，一邊操縱影人，一邊用曲調講述故事，配以打擊樂器和絲絃，儼然一場大戲開場。

　　據史書記載，皮影戲始於漢代，漢武帝的愛妃李夫人仙逝以後，武帝甚悲，日夜思之，無心朝政。方士李少翁說他有招魂術，可以讓武帝見到李妃一面。武帝大喜，遂命其設帳弄影，果見李妃倩影依稀，渾如真人。實是李少翁隔帳弄皮影也。此後，皮影翻演成劇，散入民間，娛樂大眾。到了唐代，皮影戲逐漸成了民間一大劇種。北宋時，《東京夢華錄》、《夢粱錄》、《武林舊事》等書，都述及影戲的盛況，同時出現了一些著名的皮影戲藝人和影戲的班社。

　　明清時期，影戲一直盛行，受到宮廷和民間的喜愛，且普及到全國各地。彼時很多官第王府、豪門旺族、鄉紳大戶，都以請名師刻製影人、蓄置精工影箱、私養影班為榮。在民間鄉村城鎮，大大小小皮影戲班也比比皆是，一鄉一

市有二三十個影班也不足為奇。無論逢年過節、喜慶豐收、祈福拜神、嫁娶宴客、添丁祝壽，都少不了搭臺唱影。張藝謀拍的電影《活著》，就生動地描述了山陝一帶，有關皮影的一些軼事。

　　明清出現的提線木偶、布袋木偶以及兒童們玩的四肢能動的偶人，也都是皮影影人的變種。上圖是宋代畫家李公麟所繪的《販偶圖》，小販挑子上的各種偶人引得小童們一個個手舞足蹈、歡呼跳躍。足證，彼時的兒童是多麼喜歡皮影、木偶之類的玩具。

## 108. 投壺

清代瓷繪《童子射覆圖》（局部）現存故宮博物院。

　　投壺是古代的一種高尚的遊戲，大人參與，兒童也可以參與。其玩法，是在大廳或庭院中置一喇叭口口小腹闊的銅壺或磁壺（瓶），投壺者站到一定步數的遠處，向銅壺內擲羽箭。第一箭入壺者稱為「有初」，第二箭再次入壺，則稱「連中」。投入壺耳者稱為「貫耳」，末箭入壺者稱「有終」。箭不投中者稱為「散箭」。以此可分輸贏。

　　投壺原是先秦時期的封建士大夫的宴飲遊戲，稱為射禮。彼時諸侯宴請賓客時，需請客人射箭。後來，改投壺代替彎弓，以樂嘉賓，以習禮儀。宋呂大臨在《禮記傳》中說：「投壺，射之細也。燕飲有射以樂賓，以習容而講藝也。」久而久之，投壺就代替了射箭，成為宴飲時的一種遊戲。

　　由於社會發展，官紳羨慕廟堂，以投壺為樂的現象越來越普遍。《禮記‧投壺》說：「投壺者，主人與客燕飲講論才藝之禮也。」秦漢以後，投壺在士

大夫階層中盛行不衰，每逢宴飲，必有「雅歌投壺」的節目助興。在流傳過程中，遊戲的難度不斷增加，不僅產生了許多新名目，還有人別出心裁在壺外設耳，或設置屏風進行盲投，或背坐反投，技術要求也越來越高。

宋代大儒司馬光對投壺的改革和創新，有悖於古禮而娛樂化的趨勢頗為不滿。著有《投壺新格》一卷，根據封建禮節對投壺做了全面的總結，竭力使其達到有教育意義的目的。他說：「投壺可以治心，可以修身，可以為國，可以觀人。何以言之？夫投壺者不使之過，亦不使之不及，所以為中也。不使之偏波流散，所以為正也。中正，道之根底也。」這就使投壺染上了政治色彩。兒童從小學習投壺，不僅僅是一種遊戲，其中也要領悟「中庸之道」的儒家思想。

## 109. 摩喝樂

南宋陳清波繪《瑤臺步月圖》（局部）故宮博物院藏。

我國古代每年都有一個七月七夕的乞巧節。這一天各種奇巧的小玩具都會上市，其中泥製的「摩喝樂」最為矚目，也賣得最多。「磨喝樂」是一種泥塑的高不及盈尺的各色偶人，個中有男有女、有神仙、有小丑，更多的是各種小童舞蹈、玩耍、嬉戲、賣呆的造型，神情可愛，憨態可掬。

宋刊《東京夢華錄》載：「七月七夕，（東京）潘樓街東宋門外瓦子、州西梁門外瓦子、北門外南朱雀門外街，及馬行街內，皆賣磨喝樂。乃小塑土偶耳。悉以雕木彩裝欄座，或用紅紗碧籠，或飾以金珠牙翠，有一對直數千者，禁中及貴家與士庶為時物追陪。」在金盈之《醉翁談錄》中也有對磨喝樂的描述。「京師是日多博泥孩兒，端正細膩，京語謂之磨侯羅，小大甚不一，價亦不廉，

或加飾以男女衣服，有及於華侈者，南人目為巧兒。」此外，《夢粱錄》還記載磨喝樂崇拜，在宮廷、顯貴家庭也成為節令性時尚。」

　　細考，「磨喝樂」原是從印度傳入中國的偶人。所以叫「磨喝樂」，乃是指古印度佛教傳說中的「摩侯羅迦」。他是天龍八部之一「大蟒神」的護法，他由蛇首人身的形象演化為美妙可愛的兒童，也就成為「七夕節」的祭物之一。宋朝孩子都很喜歡模仿「磨喝樂」的造型：「市井兒童，手執新荷葉，效摩羅之狀。此東都（汴梁）流傳，至今不改，不知出何文記也」。大人們誇一個孩子可愛迷人，也會說「生得磨喝樂模樣」。

　　「磨喝樂」風靡天下的另一個主要原因，是出自性的崇拜。自古國風重男輕女，「磨喝樂」則是護法天神的化身。七夕將其供入家中，可以早生貴子，早抱麟兒。具體描繪「磨喝樂」形制的圖畫，見自故宮博物院藏南宋陳清波繪《瑤臺步月圖》（見上圖）。在七夕月升之時，瑤臺上的侍女手中端著一盤「磨喝樂」，供另一位貴婦人欣賞，真實反映出宋代上層社會崇拜「磨喝樂」的時代風尚。

　　上層如此，民間更甚。婦人無子，到娘娘宮裏抱回個「磨喝樂」供奉，必生男兒，此俗一直延至民國。大人喜愛磨喝樂，小童更將他看為愛巴物。七夕供奉之後，磨喝樂便都落在了小童們的手裏，任其抱著玩耍去了。

## 110. 鬥紙牌

宋人嬰戲圖，軸本幅無作者款現藏臺北故宮博物院。

有文字記載，紙牌是由唐代天文學家張遂發明的，因為紙牌只有樹葉大小，故稱「葉子戲」。「葉子戲」一詞，初見於唐代蘇鶚《同昌公主傳》，文稱：「韋氏諸宗，好為葉子戲。夜則公主以紅琉璃盤盛夜光珠，令僧祁立堂中，而光明如畫焉。」這位公主愛玩葉子戲，已經達到流連忘返、不分晝夜的程度。足見，葉子戲所具有的高妙之處。李後主的大周皇后也是玩葉子戲的高手。她曾寫過《繫蒙小葉子格》、《偏金葉子格》、《小葉子例》各一卷，可惜都已失傳。

葉子戲的玩法和今天的紙牌類似。依次背面抓牌，翻面出牌，以大管小。牌未出時反扣為暗牌，不讓他人看見；出葉子後一律仰放，鬥者從明牌去推算未出之牌，以施競技。明代的葉子紙牌共有三十八葉，分別為一至九錢，一至九百，一至九萬，二十至九十萬貫、百萬貫、千萬貫及萬萬貫。一萬貫或以上的牌張上均繪有陳老蓮繪《水滸傳》一百單八將中二十人的圖像，例如，萬萬貫是宋江，千萬貫是武松等等。清代也有不少大畫家為葉子作畫，成為一種藝術傑作。

因為葉子戲好玩，不僅朱門大戶婦孺浸染其中，就是販夫走卒及其家人孩子也都迷戀不捨。以致形成一種社會隱患，耽誤了農工、誤導子弟。為此，朝廷明令多次禁止。但是，積習成俗很難奏效，玩葉子戲一直漫延到了民初。大約在 13 世紀左右，葉子戲曾傳入歐洲，經過西人的改造，這種紙牌逐漸形成了今天的撲克牌了。

# 參考文獻

1. 李德生珍藏：《兒童遊戲》煙畫，英商大英煙草公司 1902 年在華出版。
2. 李德生珍藏：《童趣》煙畫，日商村井兄弟煙草公司 1903 年在華出版。
3. 李德生珍藏：《兒童遊戲》煙畫，英美煙草公司 1910 年在華出版。
4. 〔英〕烏莎‧戈斯瓦米（Usha Goswami）：《兒童心理學》，譯林出版社。
5. 魯迅：《魯迅文集》，《吶喊》。
6. 周作人：《兒童文學小論》，《中國新文學的源流》。
7. 周作人、豐子愷：《兒童雜事詩》，鍾叔河箋釋，中華書局 1999 年。

# 編後　我的童稚生活

　　前邊是我根據自己收藏的一些晚清時期出版的小畫片，以及古代傳流下來的繪畫為基礎，希圖通過「圖證」探討一下古代兒童的遊戲及一些遊戲的溯源。由此，編寫了這麼一冊不像書的書。謹供同好和對兒童問題研究者們把玩參用。

　　編撰過程中，時不時地勾起筆者對自己孩提時代生活與遊戲的零星記憶。因為，每一個歷史階段的兒童生活和遊戲都或多或少地留有那個時代的烙痕，都有著那個時代的習俗特色，寫將出來，儘管是夕霞晨露，不成文章，但也算是「飛鴻踏雪泥」了。

　　筆者是在 1945 年冬月出生在河北青縣的一個農民家庭，因為當地水土豐腴、雨順風調，家家的日子過得都挺好。所以在土改時期，儘管家中有十二間房屋、二十畝良田，也只劃了個上中農的成分，並無抄家共產之餘。據筆者奶奶說：我落地之際，村裏的三姑二姨大舅媽們都送來了百家衣、百家被、屁股簾、虎頭帽和撥浪鼓、叭噠嘴、布老虎、泥狗狗等各種小衣著和小禮物。在我能記事的時候，這些玩具還都好好地擺在炕頭兒和窗臺上，供我玩耍。在最初的記憶中，使我最為激動的是爺爺的手影戲。彼時的農村每日入夜吃晚飯時候，小炕桌上都點著一盞油燈。油燈一閃一閃的亮光，照著炕上炕下活動著的人影，在炕頭牆上不停的晃動。我躺在炕上、兩眼直瞪瞪地看著米黃色的土牆。忽然，隨著一聲粗啞的聲音——「狼來了——」，牆上就蹦出一個張著大嘴的狼，狼的血盆大口，一張一合地要吃人，真叫人害怕。嚇得我雙眼緊閉，身子縮成一團。奶奶連忙把我抱起來，一邊偎著我的臉，一邊說著爺爺：「別嚇著

孩子。快變出一個兔子來。」其實，我是很享受狼帶來的那種驚悚，我並不愛看小兔子和大黃牛之類的東西。這大概是我一歲左右的記憶。

## 推棗磨

當我能滿炕爬行，能顫顫巍巍地站起來，能跪能坐的時候，奶奶就在小炕桌上教我玩「推棗磨」。我們老家到處種的棗樹，一到秋天，房前屋後的棗樹上掛滿了一串串大紅棗，像燈籠一樣煞是好看。大人們把打下來的棗子，堆得到處都是。但奶奶不叫我吃，怕是卡了我的嗓子。奶奶叫我坐在炕桌前面，她拿過一個大紅棗兒，用小刀從棗子的中間劃開，剔除上半截的棗皮棗肉，露出半截兒棗核兒，奶奶順手從掃炕的笤帚上，折下三根牙籤長短的笤帚苗，分別插在棗兒的下半部，呈鼎狀穩穩當當地立在炕桌的中間，棗核兒的尖尖向上直指房梁。奶奶又從炕席的邊邊上，抽出一截半尺來長、韭菜葉寬的席抿兒，在席抿兒的兩頭各插上一個紅棗兒，像一付小擔子一樣。奶奶小心翼翼地將這付小擔子正中心地放在棗核的尖尖上，用手一撥，這付棗擔子就轉了起來。真是太神奇了！此後，我天天纏著奶奶玩「推棗磨」。後來，奶奶還為這個遊戲增加了很多偉大的發明，在棗磨的周圍分別放上糖豆兒、瓜子兒、芝蔴餅等小吃食，轉動著們棗擔子一旦停在哪裏，哪裏的小吃食就是我的戰利品了。在奶奶不陪我玩的時候，我便自己學著做了起來。

在我的記憶中，第一個自己動手做的玩具就是「推棗磨」。長大後，教弟弟妹妹玩的遊戲也是「推棗磨」。我很驕傲地說：「這是我的發明」。直到我在

故宮博物院看到宋人蘇漢臣繪的《秋庭嬰戲圖》摹本後，才知道這種兒童遊戲的發端甚久，至少有上千年的歷史了。

我還記得，我可以不在大人的扶持下自己走路的時候，就被屋外的新天地驚呆了，大自然深深地吸引我，那是我最興奮、最幸福的時刻。屋外的天是那麼的藍，太陽照得我睜不開眼。門前有一股清澈的流水，水中游著細細的小魚。屋後是一片菜地，豆莢、黃瓜、蘿蔔、韭菜……參差雜列、鬱鬱蔥蔥、一片生機。最吸引我的是，趴在綠葉上緩緩蠕動的蝸牛，用手指輕輕一碰，蝸牛的身子就全都縮到它自己揹著的小房子裏。還有趴在瓜秧上的小甲蟲，殼是紅紅的、還有著黑色的斑點兒，風兒一吹，小甲蟲的紅殼兒就一裂開，露出了一對兒黑翅膀，呼呼地飛向了遠方。

忽然有一天夜裏，我被奶奶的身子壓醒了，接著聽到外邊一陣陣轟轟的打雷聲。奶奶撫著我的耳朵說：「別怕，別怕，要打仗了，是放炮哪！」長大之後才知，我出生的時候日本已經投降，但不到兩年，內戰又開始了。青縣這個地方，白天國民黨的部隊來，晚間共產黨的部隊來，這片原本寧靜的鄉間，瞬間陷入水火之中。

我媽的膽子特別小，每天都抱著我藏在自家的菜窖裏。菜窖裏很黑，得待半天才能看清東西。我不明白為什麼要待在這裡，窖的中間有一張稻草鋪的簡易的床，四周堆著許多竹筐和麻袋，裏邊放著土豆、白薯和不少雜物。躲在這裡只有睡覺，沒有了任何玩具。不過，我清楚地記得有這麼一件事，我在一顆白菜葉上發現了一隻小螞蚱，它長得特別可愛，周身碧綠，鬚子、翅膀、大腿、小腿，一點兒雜色都沒有，真像我後來在臺北故宮博物院裏看到的那顆玉雕「螺螺白菜」一樣。這個小螞蚱很通靈，很願意跟我玩。我碰它一下，它就跳一下，但跳得不遠，一轉身它又跳回來。我再碰它一下，它又跳一下，一轉身，又跳回來。如此，反反覆覆地玩個不停。它知道我不會傷害它，後來又跳到我的頭上、胳膊上，甚至我的手心上，我倆真成了好朋友。就這樣玩了多半天，不過，我認為這隻小螞蚱不應該待在地窖裏，它應該回到菜園裏去。在我的嬸母到地窖給我們娘倆送飯吃的時候，我就把這隻小螞蚱放到她的竹籃裏，讓嬸嬸把它帶回地面上去。

戰亂促使我們全家從青縣搬到了北京，先是住在北京西郊八里莊。當爺爺在農業試廠找到工作的時候，我們便遷入城裡居住了。是年係 1949 年，我已成為一個能到處亂摸亂跑的小大人了。

## 逛廟會

北京城太大的，它真是個神話世界，有電燈、有壓水機、有樓房、有大馬路、還有會跑的小房子（即後邊背著一個鍋爐的汽車）……。這一切對一個農村來的孩子來說，真是「儕身神世界，如墜雲霧中。」最讓我興奮的事情是逛廟會。我家住趙登禹路，往北走是護國寺，往南走是白塔寺，初一十五，兩個寺廟依次大開山門，舉行廟會。裏邊攤販林列，家禽山貨、百物雜陳，有賣布匹估衣的、賣紙墨筆硯的、賣古玩字畫的、賣大力丸的、賣耗子藥的、還有拔牙的、相面的、點痦子的、代寫書信的、測字算命的，還有賣靈貓俐犬、花鳥魚蟲的，真是五花八門應有盡有。吹拉彈唱的也是多種多樣，說書的、說相聲的、唱蓮花落十不閒的、練雜耍的、摔跤的、跑旱船的、變戲法的、拉洋片的，光怪陸離，目不暇給。不過，這些對我來說，因為不懂，全無興趣。而賣小吃的攤鋪則分外引人，在小販不住聲的吆喝和忙碌中，蒸、炸、煮、烙、煎、爆，多種多樣，年糕、扒糕、灌腸、爆肚、焦圈、豆汁、餶餷、麵茶、糖粥、驢打滾……，引得孩子們駐足不前，拉著大人的衣襟是不買不走的。我最愛吃的是炸灌腸，吃不著，是決不罷休。

上世紀五十年代北京護國寺廟會的盛況。

最後，走到玩具攤前，攤上各式各樣的玩具離奇古怪，五光十色，有花裏胡哨的風車、紅紅綠綠的燈籠、大大小小的兔兒爺、摩合羅、泥狗狗、大阿福、卜卜噔、磁鳥哨，刀槍把子、大花臉，口琴、竹簫、笛子、快板，翻花、通草、小拉車、醜小人、地老鼠、竹節蛇，萬花筒、七巧板、積木塊、跳棋、軍棋、象棋、水槍、彈球、洋畫兒、撲克牌，鋼鏢、扁鼓、小喇叭……叫人眼花繚亂。買什麼玩意兒哪？對一個看什麼都覺得新鮮的孩子來說，真是一個大的難題。

我挑來選去，最後敲定了還是買一套積木，因為用它可以蓋出各式各樣的小房子。擺滿一地時，我就是這個王國的國王。

## 看戲

爺爺奶奶都愛看戲，爺爺愛看京劇，奶奶愛看評劇。不論誰去看戲都是帶著我，那時我已五六歲了。戲臺上的演員都勾畫著或俊或醜的臉譜，身上穿著華美的服裝，時唱、時舞、足之、蹈之，如癡如醉，將人帶入另一個不解的世界。奶奶看「杜十娘怒沉百寶箱」時，雙眉緊促，雙拳緊握，胸口時起時伏，萬分衝動。爺爺看「關雲長走麥城」時，竟會轉過臉去偷偷地抹去一滴眼淚。彼時我還不懂戲的深奧，所愛看的都是武戲，看到大將軍、女英雄的金盔銀甲，狐尾雉翎，舞槍弄棒，大展雄姿。看到兵卒鬼怪使刀動劍、翻跟頭、摔僵屍，眼花繚亂，絕技驚人。最早使我印入頭腦的大角是李萬春、厲慧良、宋德珠、閻世善。愛看的戲是《孫悟空》、《挑華車》、《鋦大缸》、《無底洞》。後來，才慢慢記住了「四大名旦」、馬連良、譚富英、裘盛戎等名伶大迦。

李萬春《挑滑車》飾高寵的劇照。

閻世善《虹霓關》飾東方氏的劇照。

幼時看戲的經歷，使我逐漸產生了對京劇的膜拜之情。從九歲起就開始到西直門半璧胡同票房去玩，還在《三娘教子》中票演過小東人。這些，對我長大後學麟派、寫劇評，在《中國經營報》工作期間，與同仁率先發起《全國首屆京劇中青年演員電視大選賽》，共同推出了于魁智、李勝素、孟廣祿、藍文

雲等一系列青年新秀，為振興京劇或多或少地做過一些綿薄的貢獻。（當年筆者曾任「大選賽」辦公室副主任，迄今保存有該活動的全部原始文件。計劃它日能整理成文出版，也是「十年浩劫」後京劇振興的一部寶貴史料。）

## 耍大刀

我長到六歲，也就是 1951 年時，家裏就不讓我一天到晚地瘋玩了。父親說：「老大不小的了，該上學了。」那時，我家斜對面祖大壽的家廟後邊，有個私立的寶禪寺小學，奶奶就把我送到那去上學了。寺廟的庭院不小，廡廊四周住滿了人家。教室在中間的大雄寶殿裏。殿裏一順邊地擺著四行桌子板凳，每一行坐七八個學生。一年級坐頭一排，二年級坐第二排，三年級坐第三排，四年級坐第四排。一個穿長衫戴眼鏡的老師教四個年級的學生，他在給四年級講課時，其他同學就折紙、做手工。他在給低年級學生講課時，高年級的學生就抄書、做作業。我坐在第一排的中間真是難受死了。好容易盼到課間休息，老師就發給每個學生一把用竹片削成的大刀，排隊站在院裏練大刀操，一邊舞一邊唱：「大刀向鬼子頭上砍去……」。頭兩天還覺得新鮮，後來越舞越無聊，也沒有任何玩具可玩，我便再也不想上學了。有一天我逃學，偷偷地跑回家去，遭到了父親的一通爆打。從此，我便視上學為一危途。

次年，政府對兒童的教育有了重大改革，全面取諦了私人學校，開辦了許多公辦小學和民營公助小學，我便由父親安排到新街口附近的小乘巷小學讀書。這個小學很像樣，是個整整齊齊的四合院，三層臺階的校門，門側有傳達室，雜物房。東、西、南、北四個教室共四個班，西跨院是教研室，東跨院的大槐樹下有一個木滑梯和一架蹺蹺板。滑梯和蹺蹺板可真是好東西，一下課，學生擠完廁所後，就爭著玩這兩樣東西。爭執不下時，就動以拳腳打將起來。為了解決糾紛，老師常組織大家做集體遊戲，如「丟手絹」、「老鷹抓小雞」、「拉圈唱歌」、「找朋友」等等，玩的都挺開心。

記得是年春，有一天天氣特別冷，我穿著「棉猴」、帶著手套和「毛耳朵」去上學。一進校門就覺得氣氛詭異，院中的旗杆上的旗子只升了一半，正房中間掛著一個大鬍子的像，四周擺了好幾隻花圈，雪白的花朵在料峭的寒風中瑟瑟顫抖。老師叫學生們都脫帽，排好隊伍，在校長的指揮下，一起哭，要大聲的哭，哭聲越大越好。一煞間，學生們就如喪考妣地嚎啕大哭起來，真若「銀瓶乍破水漿迸」，「哭聲直上干雲霄」。事後，我問班主任周老師那個大鬍子是誰呀？老師說那是遠在莫斯科的斯爺爺。

## 小人書

在大人看來，兒童上學的第一要務是要認識中國字。我上學時最怵頭的也是學習中國漢字。漢字除去一二三四五之外，個個造型獨特，難寫難記。不過，發下來的新課本還是有點意思的，因為每一頁上都配有圖畫。例如第一課，「開學。開學了，我們來上學」。下邊就畫著兩個小孩背著書包一起去學校。第二課，「見了老師要敬禮，見了同學問聲好。」下邊就畫著一位老師站在校門口迎接同學，同學向老師鞠躬。……看圖識字，很好記，也很好玩。但是，比起「小人書」來，那就遜色多了。

離我家不遠的胡同口，有一間小人書店。書店只是一間臨街的老屋，屋內左右兩壁豎著四個書架子。架子上面一排排擺滿了新的、舊的、或是殘破不全的、或是沒有封面的各種小人書。書架下面放著幾隻高高低低的小板凳，供小「讀書人」就坐。這一堂佈置在大人眼中是野店茅屋，而在兒童的眼裡，則是「南陽諸葛廬、西蜀子雲亭」了。架子上的小人書五花八門、種類繁多。《三國》、《水滸》、《紅樓夢》，《西遊》、《封神》、《鏡花緣》等，這些姑且不論，《三俠五義》、《小五義》、《七劍十三俠》，《包公案》、《施公案》、《天龍八部》、《雙鎖山》……，俗文稗史、神鬼武俠也盡在谷中了。此外，還有講外國故事的《愛麗絲夢遊仙境》、《木偶奇遇記》、《米老鼠》、《唐老鴨》……更叫孩子們心馳神往、大開眼界！當然，以上這些書的名目也是隨著閱讀的增長而一一認出來的。

在認知啟蒙的時期，一有機會我就去看書。那時候借一本小人書是舊幣一百元，也就是現在的一分錢。每次我都在兜裡裝上一把糖豆或是一把瓜子，帶上一千元錢去光顧這個小人書店。最早，我是愛看《米老鼠》和《木偶奇遇記》之類的書，好玩，有趣。後來，就愛看《七劍十三俠》，《包公案》，打鬥、破案，熱鬧、迷人。先是光看圖畫，一片一片，轉眼就看完一本。後來有了進步，看不明白時，就開始關心圖畫下邊印的文字了。這些字是怎麼說明圖畫的意思呢？這應該算我看圖識字之始。有了興趣，進步得就很快。在我上二年級的時候，每次看小人書時，我會把不認識的、筆劃複雜的字記在一個小本子上，回家後，去問爺爺，或是上學時去問周老師。我的這種小聰明，使我比同班的同學多識很多字。所以常常受到學校的表揚。這種表場激勵我更認真地看書。大概三年級的時候，我便通讀了《三國》、《水滸》、《西遊記》等大部頭的書了。當然，這都是小人書給我的啟蒙。

愛讀書，多識字，使我占了很大的便宜。在 1956 年以前，大陸還沒有進行文字改革，讀、寫、使用的還都是繁體字。課堂上老師講的也是「ㄅ、ㄆ、ㄇ、ㄈ、ㄉ、ㄊ、ㄋ、ㄌ」。這些，都給我打下了比較好的漢字基礎。以至，經過七十多年簡體字的洗磨，但並未能改變我對繁體字的偏愛。所以，旅居加拿大之後，還能為大華商報、中國文化及花木蘭文化事業有限公司撰稿合作。從這一點也可以證明，「孺子受教、刻骨銘心」的重要性！

### 攢煙畫

隨著成長，升班到了二三年級，我們的遊戲內容也就越來越豐富了。女孩子都熱衷「跳繩」、「跳猴皮筋」、「跳房子」、「抓子兒」和「丟包兒」。男孩子則熱衷於「騎馬打仗」、「彈球」、「搧三角」和「拍洋畫兒」。「搧三角」，是將香煙的外包裝紙折疊成一個三角形，平放在地上，由另一個男孩兒用他疊好的三角，用力地摔向地面，借助風力，如果將原來放在地上的三角搧翻過來，就算贏，可以將對方的三角據為已有。搧不過來就輸了，得把自己的三角交給對方。「拍洋畫兒」的比賽方法與「搧三角」相似，只是要用手拍而已。用手著地時帶來的風，將對方放好的煙畫掀翻過來，就可以贏走他的畫片。當時，用卡紙印的小畫片隨處都可以買到，舊幣一百元可以買七八張，幾乎所有的男孩的兜裏都放著一摞。隨時隨地都能拿出來一搏。不過，我對比賽「拍洋畫兒」並不感興趣，而是對畫片上的內容十分喜歡，可以對著它練習畫畫，所以也攢了不少。

兒童在做拍洋畫的遊戲。

上世紀五十年代出品的洋畫畫片。

記得那年春天，下學以後，我一個人掄著書包，在回家的路上漫不經心地閒逛。突然，在一家賣紙煙小店的玻璃窗內，發現了一張張印得十分精緻的洋

畫兒，描金燙銀，華美無比。上面的人物栩栩如生，簡直可以呼之欲出，比我兜兒裏的洋畫兒，不知要漂亮多少倍！我踮著腳尖兒，把臉貼在玻璃上，貪婪地向裏張望，久久捨不得離去。

屋內一個清瞿的老者，五十多歲的年紀，白臉微鬚，笑著向我招手，招呼小我進屋。我尚在遲疑的時候，老者已起身拉開了門，和藹地說：「小學生，要是喜歡，就進屋裏來看。」

由於屋裏畫片的吸引，我便身不由已地蹭了進去。屋子很小，陳設也很簡單，惟一床、一杌、一桌、一椅而已。臨窗戶擺著一架子香煙，「大前門」、「紅錫包」、「大嬰孩」、「勞動牌」……，應有盡有。架下的桌子上，則擺著一摞摞的小畫片。在窗外陽光的照耀下，一閃一閃地發著誘人的光輝。我瞄著這些煙畫，怯生生地問道：「這些洋畫兒，怎麼跟我的不一樣啊？」我一邊說，一邊從衣兜裏掏出了平時玩的一摞洋畫兒，舉到老者的眼前。

老者和藹地說：「傻孩子，這不是你們拍著玩的洋畫兒，這是煙畫」。他順手從窗前拿起了一摞，一張張地翻給我看。「你瞧，這背面都印著煙廠的商標。它們是從前老香煙盒內的小廣告。這都是幾十年前的東西了。你看，這些印有洋文的，都是從北美傳來的。」

「北美在哪兒呀？」我茫然地問道。

「在很遠很遠的地方，要漂洋過海走好幾個月。」

這是我第一次聽說的「北美洲」，是在很遠很遠的地方。

老人接著擺弄他手中的煙畫；「也有咱們中國印的。你看，這是《西遊記》、這是《紅樓夢》、這是《封神演義》、這是……」。老者越說越得意，臉上也充滿了孩子般的微笑，其神情一半在介紹，一半在自我欣賞。「收集了這麼多，不容易呀！湊成一套一套的就更難了。因為，一盒煙裏只有一張。難哪！難哪！」

「您怎麼攢這麼多呀？」

「唉，我年青的時候就喜歡這些東西嘛！你看畫得多好。瞧著就過癮，還長見識。你看這些外國的動物，咱們的萬牲園（北京動物園的前身）裡根本就沒有……。」

面對著老人家滿桌子的煙畫，我真恨不得將之全部據為已有。能像孫悟空一樣，變個什麼戲法兒，將其席捲而去多好哇！我囁嚅地問道：「您是要把這些煙畫兒都賣掉嗎？」老者雙手一攤，露出無可奈何的樣子，而又意味深長地說：「不要了，不要了，玩什麼都得有個頭，總不能玩一輩子。再說，眼下也

不時興這個了，留著終有何用？還是吃飯要緊哪！」

　　我進一步試探：「貴嘛？」老者把頭湊過來，認真地看著我的眼睛：「小學生，你長大了就會明白，這些東西，說值錢，就值錢，是無價之寶；可說不值錢，就一分也不值，如同廢紙一樣。你要是喜歡，就常來玩吧！」

　　記得臨走時，我們這一老一少竟達成了一個價格的默契，我可以以購買三十張洋畫的價格，買他一張煙畫，大概為五百元（舊幣）一張，合當年一套燒餅果子的價錢。從那以後，我就瞞著家裏的大人，開始有計劃地「置辦產業」了。我先是把自己收藏的全部壓歲錢取了出來，一下子就買回《紅樓夢》和《七劍十三俠》兩大套，還有數十張零張的煙畫，加在一起有二百四、五十張。高興得我，一夜上也沒有睡好覺，反覆把玩，不知東方之既白。

　　從此，我早點也不吃了，零食也不買了，又想方設法地向爺爺奶奶要零用錢，就開始一次次地光顧小煙鋪，前後歷時半年之久，從那位老先生處收購了煙畫有二、三千枚之多。記得每次與老者交易完畢，從他的收藏中拿走一、兩套煙畫時，就好像從他手中奪得了他的寵物一般，總是依依不捨地送出門口。並且再三地叮囑：「我是看你這孩子懂事，不會糟蹋東西，才讓給你的。這可不是洋畫兒，千萬不要跟人拍著玩。要收好囉，一這東西越來越少了……。」有一日，我又揣著錢去了小煙鋪，想再蕫兩套煙畫。可是，小煙鋪的玻璃窗掛上了布簾，捂得嚴嚴實實，門上也掛上了一把鎖。從此，再也未曾見到過他老人家。是走了？還是病了？給人留下了無名的悵惘和一個大大的問號。

　　整理這些煙畫，是我課後極有興趣的一項大工程。我買來了漂亮的白本子，先用鉛筆把煙畫的大小輪廓畫好，用小刀在輪廓的四角上刻出斜線，再將煙畫依照順序一張張地鑲上去。最後，用鋼筆認真地寫上煙畫的題目和說明。在整個鑲嵌過程中，不僅「多識草木之名」，而且，雜七雜八地長了許多「知識」。從「黃天霸大鬧惡虎村」，「關公拖刀斬顏良」，到「大英國船堅炮利」、「乾隆爺遊龍戲鳳」。方寸之間，包羅萬象，為我的童年生活，增添了無窮地歡樂。此後，在白塔寺、護國寺廟會的地攤上，也多有新的收穫，補充著我收藏中的空白。

　　正在我認真地搜集煙畫的時候，曾經招來了一場大禍。那是我九歲，一個溽暑蒸人的夏天，我抱著自己的藏品到一個小同學家去炫耀。忽然間雷霆大作、暴雨傾盆。我轉身就往家裏跑。在馬路上被疾駛而來的自行車撞了個正著。送到醫院一查，竟是膝蓋骨粉碎性骨折。打上石膏，臥床百日，險些落得殘疾。家長和親朋的埋怨，自然都歸結到「玩煙畫」的頭上來了。就這樣，我

歷時一、兩年的收藏工作，也就此告一段落。這是 1956 年的事情。病癒之後，我已快長成少年。隨著興趣的轉移，煙畫收於舊篋，再也沒有去動它。奇怪的是，這些小煙畫竟然逃過了「破四舊」和「十年浩劫」。在 1986 年的一次搬家的時候，這些小煙畫竟然會在一個破鞋匣子裏蹦了出來，除了一小部分受潮黴變之外，百分之九十九還熠熠生輝，如新的一樣。黃永松先生得知後，竟從臺灣直飛北京，決定為這些「珍稀出版物」出版畫冊。中國民協主席賈芝先生亦為之題了字。近年，臺灣花木蘭出版公司慧眼獨具，亦為之出版了一系列有關煙畫的圖書，如《煙雲畫憶》、《三百六十行考》、《丑戲》、《抗戰八年勝利畫史》等，這都是後話，這裡便不再詳述了。

中國書法家協會主席沈鵬先生所書「煙畫擷英」。

中國民間文藝家協會主席賈芝先生為筆者的收藏題字。

## 轟麻雀

在十一歲左右的時候，我的兒童遊戲好像有些變味了。這年秋天，有一陣子老師不讓上課了，每天叫學生們都要帶上從家裏拿的破簸箕、破臉盆，登梯子上房，去轟趕麻雀。老師說：麻雀與老鼠蒼蠅一樣是個大壞蛋，上級要求全

民動員，向消滅敵人一樣消滅它們！怎麼消滅它們呢？就是不讓它們休息，不讓它們睡覺，不讓它們雙腳著地，用各種響動轟它們，讓它們不停地飛，「繞樹三匝，無枝可依」，活活地累死它們。孩子們認為這一戰略戰術十分高明！比尋常玩的遊戲好玩得多啦！份外地高興。一個個坐在房脊上，一邊使勁敲打，一邊高聲喊叫，全城沸騰、殺聲一片。此計果然神效，戰果顯赫，無數麻雀從天墜落、無疾自斃。

1957 年底「全國除四害運動」時，小學生們都在房頂上敲盆棍轟麻雀。

記得有一隻很小的麻雀掉在我的破臉盆裏，渾身顫抖、驚慌失措。我看它可憐，用雙手把它捧將出來，攬在懷中，想救它一命。誰知它拚命地掙扎，兩眼冒著兇光，視我為仇敵，終於抱著「無自由勿寧死」的精神，衝出了我的雙手，滾落在房屋瓦上，翻了個身，又滾到了滴水處，接著又一滾，便掉下房去。我還聽到落地時「卟哧」一聲。此後便沒了動靜，它已經摔死了。當時我很悵惘，麻雀大小也是條生命，大人們何苦與它為仇呢？

我開始覺得這個遊戲根本不好玩，在此後的幾天裏，我再也沒精神上房去敲破臉盆了，乾脆在家裡鼓倒煙畫去了。

當我上中學一年級的時候，我已長滿十二歲了。依《兒童心理學》的界定，

我已完成了兒童階段，下一步應該進入少年青春期。「獨立意識」開始覺醒，以「遊戲為工作」的歷史已變成「昨日黃花」，朝氣蓬勃的青年就以嶄新的姿態投入到革命洪流中去了。所以，《我的童稚生活》寫到這裡也就應該打住了。

今日，筆者已進入了耄耋之年，我想健在的四零後、五零後的同齡人，大祇兒時也都有同等或類似的經歷，寫將出來，也算是古代和近代兒童在遊戲中成長的一種延續。而今社會變化得多快呀！電腦、電視、動畫片、電動玩具、芭比娃娃、無人機、機器人、電子遊戲……，一股腦地湧將出來，讓所有老年人都目怔口呆。每當全家聚在一起的時候，儘管長幼環膝、兒孫滿堂，但小輩們一個個低頭看著自己的手機，不說話時的那種安靜和尷尬，使老人們渴望的「含飴弄孫」之樂，頓時化鶴而去。嗚呼！觀此情景是悲乎？樂乎？還是拈指苦笑乎？！

筆者寫於 2023 年端午節溫哥華寓中